성의 한국사

성의 한국사

한국 전통의 성적 개방성과 다양성
그 자유로움에 대한 고찰

2025년 2월 20일 초판 인쇄
2025년 2월 25일 초판 발행

지은이   정창권
교정교열   정난진
펴낸이   이찬규
펴낸곳   북코리아
등록번호   제03-01240호
주소   13209 경기도 성남시 중원구 사기막골로 45번길 14
            우림라이온스밸리2차 A동 1007호
전화   02-704-7840
팩스   02-704-7848
E-mail   ibookorea@naver.com
홈페이지   www.북코리아.kr
ISBN   979-11-94299-28-8 (93910)
값   18,000원

성의 한국사

정창권 지음

북코리아

서문
한국 성의 역사와 문화

　　현대 한국은 과거와 달리 겉으로는 성(性)이 많이 개방된 것처럼 보입니다. 도서나 방송, 인터넷, 성인용품점 등 주변에서 성을 쉽게 접할 수 있기 때문입니다. 그러나 실제로는 성에 대한 부정적 의식이 여전히 강하게 남아있거나 오히려 더욱 강화되고 있습니다. 한국은 세계 10위권의 경제 대국 반열에 올라와 있고, K-콘텐츠가 전 세계를 휩쓸고 있습니다. 그런데 이상하게도 성에 있어서만은 아직도 후진성을 면치 못하고 있습니다. 그래서인지 한국 부부의 성관계 횟수는 전 세계적으로 꼴찌에서 두 번째로 적고, 전체 성인 남녀의 섹스리스 비율은 38%에 달한다고 합니다.

　　저자는 대학에서 〈성의 명서 읽기〉, 〈성의 역사와 문화〉를 개설하여 가르치고 있습니다. 〈성의 명서 읽기〉에서는 동·서양 성의 명서 16권을 선정하여 한 학기 동안 차례대로 읽고 토론해봄으로써 성에 관한 다양하고 깊이 있는 지식을 쌓고 있습니다. 〈성의 역사와 문화〉에서는 한국 성의 역사적 흐름과 시대별 성문화에 대해 자세히 살펴보고 있습니다. 한국 성문화의 본래 모습은 어떠했고, 언제 어떻게 해서 억압되고 통제되었으며, 그에 따른 문제점과 대안은 과연 무엇인지에 관해 집중적으로 고찰하고 있습니다.

저자는 두 강의의 학기 초반마다 학생들에게 "자신의 성의식에 대해 솔직하게 써보자"라는 짤막한 리포트를 내주곤 하는데, 매번 깜짝 놀랄만한 답변을 제출했습니다. 대부분 학생들이 자신의 성의식이 "보수적이다"라고 한 것입니다. 45명의 학생 중 자신의 성의식이 "보수적이다"가 35명이었고, "개방적이다"가 2명, "잘 모르겠다"가 8명으로, 보수적이라는 답변이 압도적으로 많았습니다. 한창 혈기 왕성한 20대 초반의 대학생들이 이렇게까지 압도적으로 자신의 성의식이 보수적이라고 답변하다니 참으로 놀랍고 의아하지 않을 수 없습니다.

그뿐만이 아닙니다. 우리나라는 가장 객관적이고 중립적이어야 할 학계에서마저 성에 대한 부정적 의식이 매우 팽배합니다. 성은 우리 삶의 핵심임에도 여전히 성이 하나의 학문 분야로 인정받지 못하고, 성에 대한 꾸준하고 깊이 있는 연구와 교육도 거의 이루어지지 않고 있습니다. 성에 대해 보수적이고 금기시된 사회 분위기로 인해 학자들이 애초부터 연구하고 교육하기를 꺼리고 있는 것입니다. 사실 저자도 여성사, 장애사, 하층민사에 이어 7~8년 전부터 인구문제 차원에서 성의 역사를 본격적으로 연구하면서 위와 같은 과목들을 강의하고자 했습니다. 한국의 인구문제는 근본적으로 성과 결혼제도의 폐쇄성 때문에 생겨난 것으로 보았기 때문입니다. 그러자 주변의 학자들뿐만 아니라 심지어 가족 내에서조차 반대가 심해 많은 어려움을 겪었습니다. "왜 하필 더럽고 추한 성을 연구하냐?"는 것이었습니다.

그런데 프랑스나 미국, 독일, 일본 등 선진국들은 인문, 사회, 자연, 과학, 의학, 예술, 교육 등 다각적인 측면에서 성에 대해 깊이 있게 연구한 소위 '성의 명서'들을 계속해서 세상에 내놓고 있습니다. 반면에 우리나라는 언뜻 보기엔 성에 관한 지식이나 정보들이 넘쳐나는 듯하나 흥미 위주이거나 왜곡된 것들일 뿐 실제로는 성에 대해 거의 무지한, 그야말로 성 연구의 불모지에 가깝다고 해도 과언이 아닙니다.

특히 우리나라는 성의 역사와 문화에 대한 오해가 심각한 편인데, 많은 사람이 한국의 보수적이고 부정적인 성의식이 아주 오래전부터 그러했던 것처럼 생각하고 있습니다. 하지만 성에도 분명히 역사가 있습니다. 세상만사가 그러하듯이, 성도 시대에 따라 끊임없이 변해왔습니다.

여러분도 현대 한국의 극단적으로 부정적인 성의식은 조선 시대 유교 사상의 산물이라고 생각하고 있을 것입니다. 하지만 그것은 절반은 맞고, 절반은 틀린 생각입니다. 엄밀하게 보면 현대 한국의 성의식은 조선 전·중기의 성리학, 조선 후기의 천주교, 근대 이후 주로 미국에서 유입된 개신교 등 기독교의 성의식이 복잡하게 결합되어 생겨난 것입니다. 본문에서 자세히 살펴보겠지만, 성리학의 성의식은 한마디로 도덕주의·금욕주의라 정리할 수 있습니다. 반면에 기독교의 성의식은 그보다 더욱 강력한 성의 금기시·죄악시라 정리할 수 있습니다. 물론 성리학과 기독교의 성의식은 많은 유사점을 갖고 있는데, 그래서인지 기독교 성의식이 우리나라에 별다른 반발 없이 유입되어 급속히 전파된 듯합니다.

이 책에서는 원시부터 고대, 고려, 조선, 현대 등 우리나라 성의 역사적 흐름을 차례대로 살펴봅니다. 특히 현대 한국의 부정적 성의식에 많은 영향을 끼친 조선 시대 성의 역사와 문화에 많은 관심을 두고 있습니다. 또한 한국의 부정적 성의식이 과연 어떻게 형성되었는지 사상, 법과 제도, 담론(이데올로기), 양생(건강법), 종교 등 다각적인 측면에서 원인을 분석하고 있습니다. 다시 말해 한국 성의 역사와 문화에 대해 통섭(학문융합)적 접근을 시도하고 있습니다. 그와 함께 이 책은 서술 방식에서도 기존처럼 딱딱하고 권위적인 평서체가 아닌, 누구나 친근하고 생생하게 듣고 이해할 수 있는 경어체를 사용하고 있습니다.

이 책을 통해 우리나라 성의 역사를 객관적으로 규명할 뿐만 아니라, 현대사회에 어울리는 개방적이고 자유로운 성의식을 개발하여 날로 심각해져가는 인구문제 해결에 조금이나마 기여하고자 합니다. 또한 여러분도 이 책을 토대로 자신만의 성 가치관(철학, 소신)을 수립하는 한편, 다른 사람의 성에 대한 배려와 존중, 포용력을 키웠으면 좋겠습니다. 성은 사람의 얼굴만큼이나 천차만별이어서 저마다 개별성이 강하고 하나의 정답을 내릴 수 없는 아주 복잡한 분야입니다. 그러므로 자신만의 성 가치관을 수립하고 다른 사람의 성에 대한 포용력을 키우는 것이 매우 중요합니다.

이 책을 한창 준비 중이던 2023년 4월 10일 어머니(김선덕)께서 세상을 떠나셨습니다. 2004년 5월 『향랑, 산유화로 지다』라는 책을 쓰던 도중 아버지(정길남)께서 돌아가셨으니, 그로부터 20여 년이 지난 뒤였습니다. 지금까지 어머니는 내 마음의 구심점이었습니다. 평소 어머니는 부드럽지만 묵직한 말씀으로 내 삶의 중심을 잡아주셨습니다.

"자네는 세상이 키운 자식이니, 나한테 효도하지 말고 세상에 효도하게."

"사람이 한번 뜻을 품으면 죽이 되건 밥이 되건 끝까지 해봐야 할 게 아닌가!"

앞으로도 어머니 말씀대로 세상에 이로운 학문을 계속하겠습니다.

2025년 2월

태정(泰井) 정 창 권

차례

일러두기

각 장의 주석은 이 책의 마지막에 위치해 있습니다.

1부

숭배의 시대

한국의 성은 원시 시대나 고대 시대만 해도 자연스럽고 신성시되어 그야말로 숭배의 대상이었습니다. 이후 고려 시대와 조선 전기까지도 성은 대단히 개방적이고 자유분방했습니다. 이 시기만 해도 결혼하지 않고 성교해서 아이를 낳는 야합과 혼외출산을 많이 했고, 결혼 후에도 여러 사람과 사랑을 나누는 다자간 연애와 일시적 관계가 흔하게 이루어졌습니다. 그러므로 먼저 한국 고유의 성의 역사와 문화부터 간략히 살펴볼 필요가 있습니다.

1장
원시 시대의 성숭배

성기 숭배와 다자간 관계

원시 시대의 성은 인간의 원초적인 성의 모습을 간직하던 시기로, 인간의 성 기원을 추정해볼 수 있는 아주 중요한 시기입니다. 원시 시대 사람들은 오늘날과 달리 성 지식이 부족하여 자신들이 어떻게 태어났는지 잘 몰랐습니다. 생명의 탄생 과정에 대해 무지했던 그들에게 성은 한없이 신비롭고 신성하게 여겨졌습니다. 그래서 성을 신앙의 대상으로 떠받들었고, 여성을 새로운 생명을 탄생시키는 신비로운 존재로 여겼습니다. 원시 시대에 모계사회가 가능할 수 있었던 것도 이 때문이었습니다.[1]

원시 시대의 성은 오늘날처럼 쾌락의 수단이 아닌 종족 보존의 수단이었습니다. 여느 동물들처럼 인간의 성도 종족 보존의 본능에 충실했습니다. 그래서 성이 더욱 신성시되었던 것입니다.

또한 원시 시대 사람들은 다산과 풍요의 상징으로 남녀의 성기를 숭배했습니다. 이는 구석기 시대 이래 세계 도처에서 보편적으로 행

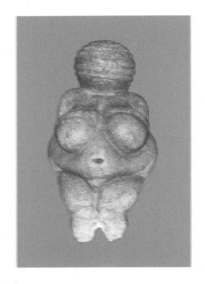

빌렌도르프 여인상 오스트리아 출토

해졌습니다. 예컨대 1909년 오스트리아 빌렌도르프에서 발견된 구석기 시대의 여인상을 보면 젖가슴, 배, 엉덩이 부분을 유달리 강조하고 있는데, 이는 성기가 다산과 풍요의 상징이자 주술적 숭배의 대상이었음을 보여주는 것입니다.[2]

우리나라의 울산 반구대 암각화에도 맨 윗부분에 남성의 성기를 강조한 인물상이 새겨져 있는데, 이는 다산과 풍요를 염원한 것이었습니다. 반구대 암각화의 윗부분을 보면 한 남성이 성기를 노출한 채 두 팔을 벌리고 기도하는 모습이 표현되어 있습니다. 이는 바로 남성 성기의 생식력에 착안한 생식과 번식의 상징적 표현으로 해석됩니다.[3]

이와 같이 원시 시대의 성은 신성성이 담보되어 있었고, 종족 보존을 위한 아주 중요한 행위였습니다. 또 성기를 숭배하여 다산과 풍요를 기원하기도 했습니다.

울산 반구대 암각화 상단의 남성상

　그렇다면 원시 시대 사람들의 성문화는 과연 어떠했을까요? 원시 시대인 수렵채집사회의 성문화는 마저리 쇼스탁의 『니사』[4]에 잘 나타나 있습니다. 그녀는 1969년부터 1971년까지 남서 아프리카 칼리하리사막의 원시 부족인 '쿵족'의 생활상을 조사해서 보고했습니다. 당시 쿵족은 수렵채집사회를 막 벗어나고 있었는데, 다른 농경사회나 유목사회보다 훨씬 높은 성평등을 이루고 있었습니다. 남자는 사냥, 여자는 채집으로 역할만 분담했을 뿐 서로 대등한 관계를 유지하고 있었던 것입니다.

수렵채집사회인 쿵족 사람들은 일생 동안 여러 사람과 사랑을 나누는 이른바 '다자간 연애', 영원한 사랑이 아닌 그때그때 주어진 현실에 충실한 '일시적 관계'를 맺었습니다. 그들은 일생 동안 최소한 두 번 이상 결혼했으며, 이혼하는 경우도 매우 흔했습니다. 이혼은 보통 여자 쪽의 주도로 이루어지는 경우가 많았습니다. 이 책의 주인공 니사에게도 여러 남편이 있었습니다. 보1, 차, 타세이, 베사, 보2 등이 그녀와 결혼하고 헤어진 남자였습니다.

쿵족은 남자들의 일부다처제도 있었지만, 여자들의 혼외연애, 곧 간통 혹은 불륜도 아주 흔한 일이었습니다. 니사 역시 남편이 있음에도 여러 명의 샛서방(섹스 파트너)를 두고 있었고, 첫아이도 남편이 아닌 그들 애인과의 사이에서 낳았습니다. 첫 번째 애인은 과거 결혼하려다 그만두었던 칸틀라였습니다. 두 번째 애인은 남편 타세이의 동생, 그러니까 시동생 트위였습니다. 니사는 남편 베사랑 살면서도 애인들을 계속 사귀었습니다. 그때는 차, 나나우와 사귀고 있었는데, 하루는 차하고 사랑을 나누고 다른 날은 나나우와 사랑을 나누곤 했습니다. 남편 베사는 자기 아내가 다른 남자와 자는 걸 그저 지켜볼 수밖에 없는, 이른바 '오쟁이진 남자'였습니다. 이때 니사는 칸틀라와도 계속 잠자리를 가졌는데, 그럼에도 베사는 아무 말도 하지 못했습니다. 베사는 정말 칸틀라를 무서워했습니다.

물론 쿵족 부부들도 대개 사랑으로 맺어져 있었습니다. 그럼에도 많은 여성이 신혼 때부터 애인을 사귀기 시작했습니다. 니사는 결혼 후 남편 이외에 애인을 두는 이유에 대해 이렇게 말했습니다.

한 남자가 해줄 수 있는 건 별로 없어. 한 남자는 한 가지 음식밖에 못 주잖아. 하지만 애인들이 있으면, 한 사람은 이런 걸 가져다주고 또 한 사람은 또 다른 걸 가져다주고 하잖아. 한 사람이 밤에 고기를 들고 오면 또 다른 사람은 돈을 가져오고 다른 사람은 구슬을 가져오고 그런단 말이야. 게다가 남편도 뭘 가져와서 주고.[5]

샛서방과의 연애는 남의 눈에 띄지 않는 안전한 시간과 장소를 택해서 조심스레 했습니다. 주변 사람들은 그들의 관계를 알고도 모르는 척 입을 다물고 침묵했습니다.

이상과 같이 원시 시대만 해도 성은 종족 보존의 수단으로 숭배의 대상이었습니다. 그들의 성문화도 자연스럽고 본능에 충실한 다자간 연애와 일시적 관계가 주로 이루어졌습니다.

2장
고대 삼국의 성풍속

한국도 수렵채집사회에서 농업사회로 나아가면서 고대 국가가 형성되었습니다. 또 국가가 등장하면서 남성 중심적인 가부장제가 성립하기도 했습니다. 우리나라의 고대 국가로는 고구려, 백제, 신라 등이 있었습니다.

우선 고대사회의 성도 종족 번식의 수단으로 매우 신성시되었습니다. 특히 고대에는 농업사회의 도래로 많은 노동력이 필요했기 때문에 성은 더욱 신성시되었습니다. 고대의 성은 신앙의 영역이었습니다. 예컨대 일본의 경우 고대인은 신 앞에서 태연하게 성행위를 연출했습니다. 성의 결합을 보고 신이 발분해서 오곡을 풍성하게 해준다거나, 집안에 번영을 가져다줄 것으로 생각했기 때문입니다. 그래서 일본의 제례 중에는 성행위를 모방한 축제인 마쓰리가 매우 많았습니다.[6]

또한 고대 사람들도 다산과 풍요의 상징으로 성기를 숭배했습니다. 예컨대 신라 토우를 보면 남녀의 성기를 표현하거나 성행위를 형상화한 경우가 많은데, 이는 다산과 풍요를 상징하는 신앙적 표현으로 추정됩니다. 다만 고대에 이르러 성기, 특히 남성 성기는 사회적 권위

신라 토우의 성교상 국립중앙박물관 소장

의 상징으로 변해갔는데, 대표적으로 신라 지증왕의 큰 성기(45cm)는 권력의 상징으로 부각되었습니다.[7]

　　고대 사람들의 성문화도 원시 시대처럼 개방적이고 자유로웠습니다. 결혼 전 남녀 간의 자유로운 교제가 두드러졌고, 혼전 성관계와 혼외출산이 허용되었습니다. 이러한 고대 사람들의 결혼 전 자유연애와 혼외출산에 관한 문화는 『삼국유사』 속의 신화에서 잘 보여줍니다. 우리 민족의 기원인 단군신화를 보면 환웅과 웅녀는 정상적인 혼인관계가 아닌 야합, 즉 자유연애를 했고, 그 아들 단군왕검도 결혼하지 않고 아이를 낳는 혼외출산을 했습니다. 다시 말해 한민족은 자유연애와 혼외출산의 후손이라고 해도 과언이 아닌 것입니다.

　　다음은 『삼국유사』 기이 제2 〈고조선〉 편에 들어있는 단군신화의 내용입니다.

　　옛날에 환인(천제)의 서자 환웅이란 자가 있어 자주 천하를 차지할 뜻을 두었다. 그리하여 사람이 사는 세상을 탐내어 구하는 것이었다. 그 아버지가 아들의 뜻을 알아차려 삼위태백을 내려다보니 인간을 널리 이롭게 해줄 만했다. 이에 환인은 천부인(신의 위력과 영험한 표상이 되는 표적) 세 개를 환웅에게 주어 인간 세계를 다스리도록 했다.

환웅은 무리 3천 명을 거느리고 태백산 마루턱에 있는 신단수 밑으로 내려왔다. 이곳을 '신시(神市)'라 한다. 그리고 이분을 환웅천왕이라고 이른다. 그는 바람·비·구름을 맡은 주술사를 거느리고 곡식, 수명, 질병, 형벌, 선악 등을 주관하고, 모든 인간의 360여 가지 일을 주관하여 세상을 다스리고 교화하였다.

이때 범 한 마리와 곰 한 마리가 같은 굴에서 살고 있었다. 그들은 항상 신령스러운 환웅에게 빌어 사람이 되기를 원했다. 이때 환웅이 신령스러운 쑥 한 줌과 마늘 20개를 주면서 말하기를 "너희들이 이것을 먹고 백일 동안 햇빛을 보지 않으면 곧 사람이 될 것이다"라고 하였다. 곰과 범이 이것을 받아서 먹고 삼칠일(21일) 동안 금기하니 곰은 여자의 몸으로 변했으나, 범은 금기를 잘 못해서 사람의 몸으로 변하지 못했다. 곰 여자는 혼인해서 같이 살 사람이 없으므로 날마다 신단수 밑에서 아이 배기를 축원했다. 환웅이 잠시 거짓 사람으로 변하여 그와 관계했더니 이내 잉태하여 아들을 낳았다. 그 아이의 이름을 '단군왕검'이라 하였다.[8]

우리의 시조 단군은 이렇게 야합과 혼외출산으로 태어났습니다. 원래 환웅은 하늘에서 내려와 태백산 아래에 신시를 만들어 다스리고 있었습니다. 그때 쑥과 마늘을 먹고 사람으로 변한 곰 여자가 아이를 갖기 원합니다. 이에 환웅이 거짓 사람으로 변해 곰 여자와 관계하여 아들 단군왕검을 낳습니다. 이와 같이 환웅과 곰 여자는 부모의 중매 없이 사사로이 결합한, 이른바 야합한 것입니다. 또 환웅은 임신만

시키고 떠나버린 뒤 다시는 나타나지 않고, 곰 여자가 혼자서 아들을 낳아 길러 단군왕검으로 등극시킵니다. 즉, 곰 여자는 결혼하지 않고 관계하여 자식을 낳은 이른바 '혼외출산'을 한 것입니다.

이러한 야합과 혼외출산의 모습은 『삼국유사』 기이 제2 〈고구려〉 편에 실려있는 고구려 건국신화에서도 그대로 드러납니다. 북부여의 금와왕이 태백산 남쪽 우발수에서 한 여자를 만나 사정을 물었더니, 그녀가 말합니다.

> "나는 하백(강물의 신)의 딸로서 이름은 유화라고 합니다. 여러 동생들과 함께 물 밖으로 나와서 노는데, 한 남자가 오더니 자기는 천제(하느님)의 아들 해모수라고 하면서, 나를 웅신산 밑 압록강 가의 집 속으로 유인하여 남몰래 정을 통하고 가더니 돌아오지 않았습니다. 부모는 내가 중매도 없이 결합한 것을 꾸짖어서, 드디어 이곳으로 귀양을 보냈습니다."[9]

이후 유화는 혼자서 어렵게 주몽을 낳아 키웁니다. 하지만 금와왕의 일곱 아들이 주몽을 시기하여 죽이려 하자, 유화는 주몽에게 남쪽으로 도망가 고구려를 세우도록 합니다. 이처럼 유화도 해모수와 야합하여 혼외출산으로 주몽을 낳았던 것입니다.

그럼 이제부터 고구려, 백제, 신라 등 고대 삼국의 성문화에 대해 좀 더 구체적으로 살펴보겠습니다. 고대 삼국의 성문화에 대해선 이종철·황보 명의 논의[10]가 비교적 자세한 편인데, 그에 힘입어 살펴보도록 하겠습니다.

고구려의 음란한 성풍속

중국 측의 기록에 의하면, 고구려는 풍속이 음란하여 남녀가 서로 야합, 즉 자유연애를 하는 경우가 많았다고 합니다.[11] 또 사람들이 노래와 춤을 좋아하여 나라 안의 촌락마다 밤이 되면 남녀가 서로 노래하며 유희를 즐겼습니다.[12] 특히 고구려에는 일정한 남편 없이 자유롭게 살아가는 '유녀(遊女)'가 많아 음란한 성풍속을 부추겼습니다.

풍속이 음란한 것을 부끄럽게 생각하지 않는다. 유녀가 있으니, 그녀에게는 일정한 남편이 없다.[13]

풍속이 음란하여 부끄럽게 여기지 않고, 남편이 일정하지 않은 유녀가 많다. 밤이면 남녀가 떼를 지어 노는데, 귀천의 구분이 없다.[14]

고구려의 성풍속은 매우 음란했는데, 특히 결혼하지 않고 혼자 사는 유녀들이 많기 때문이라는 것입니다.

더 나아가 고구려는 해마다 10월이면 하늘에 제사를 지내는 제천의식을 거행했는데, 그것을 일컬어 '동맹'이라 했습니다. 이 의식은 왕실을 비롯한 온 나라 사람들이 참여하는 그야말로 '국중대제'였습니다. 이때 사람들은 모두 수놓은 비단옷을 입고 금과 은으로 장식했습니다.[15] 또 이때만큼은 일정한 절차를 밟지 않고 자유롭게 성교하는 것이 허락되었습니다.[16] 선진 시대 중국의 난혼제나 12세기경 서양의 카니발에서 행해진 프리섹스와 유사한 것으로, 이에 대해서는 나중에 자세히 살펴볼 기회가 있을 것입니다.

위에서 살펴본 고구려 건국신화의 주인공 해모수와 유화의 경

고구려 무용총 고분벽화 중국 길림성 집안시

우처럼 고구려 사람들은 결혼 전의 성관계가 자유로웠고, 혼전 동거는 물론 혼외출산에 대해서도 상당히 관대했습니다. 이러한 혼전 성관계와 동거 모습은 『삼국사기』 권14 고구려본기 〈대무신왕〉 조의 '호동왕자와 낙랑공주 이야기'에 잘 나타나 있습니다.

　　호동왕자가 옥저에서 놀고 있는데, 낙랑 왕 최리가 "그대 얼굴 빛을 보니 보통 사람이 아니다"라고 말하고, 함께 돌아가 자기 딸을 짝으로 삼게 해주었습니다. 그 뒤로 호동은 본국(고구려)으로 돌아가 몰래 사람을 보내 여자에게 말하기를 "만약 너희 나라 무기고에 들어가 북과 나팔을 찢고 부수면 예를 갖추어 맞아들일 것이요, 그렇지 않으면 맞이하지 않겠다"라고 했습니다. 예로써 맞이한다는 것은 비로소 정식 혼례를 치르겠다는 뜻이었습니다. 이에 여자는 날카로운 칼을 가지고 몰래 무기고 속으로 들어가 북과 나팔을 찢고 부순 다음 호동에게 알

렸습니다. 그래서 호동은 고구려 왕에게 권해 낙랑을 습격할 수 있었습니다.[17]

고구려 사람들의 혼전 성관계와 혼외출산은 『삼국사기』 권16 고구려본기 〈산상왕〉 조의 '산상왕과 주통촌 여자 이야기'에도 잘 나타나 있습니다. 산상왕 12년 11월, 제사에 쓸 돼지가 달아났습니다. 담당자가 주통촌에 이르렀는데, 돼지가 이리저리 날뛰어 잡을 수 없었습니다. 그때 20세쯤 되는 아름답고 고운 얼굴의 여자가 나와서 잡아주었습니다. 산상왕이 그 말을 듣고 기이하게 여겨 남몰래 밤에 그녀의 집으로 찾아갔습니다. 왕이 방에 들어가 그녀를 불러 동침하려 하니, 여자가 말하기를 "대왕의 명을 감히 거부할 수 없사오나, 만약 관계하여 아들을 낳으면 버리지 말기를 바랍니다"라고 했습니다. 왕은 허락하고 자정 무렵에 일어나 궁궐로 돌아갔습니다. 이듬해 9월 주통촌 여자가 아들을 낳았습니다. 왕은 기뻐하며 "이 아이는 하늘이 내게 주신 후사로다"라고 하고 그 여자를 소후로 삼았습니다.[18]

『북사』 「열전」 〈고구려〉 조에 의하면, 고구려 사람들은 결혼할 때 남녀가 서로 좋아하면 바로 결혼시킨다고 했습니다. 이것으로 미루어 고구려는 자유연애와 연애결혼을 했음을 알 수 있습니다.

고구려의 혼례 풍속은 『삼국지』 「위서 동이전」 〈고구려〉 조에 비교적 잘 나와 있습니다.

> 그 풍속은 혼인할 때 구두로 미리 정하고, 여자의 집에서 몸채 뒤편에 작은 별채를 짓는데, 그 집을 서옥(壻屋)이라 부른다. 해가 저물 무렵에 신랑이 신부의 집 밖에 도착하여 자기의 이름을 밝히고 무릎을 꿇고서, 아무쪼록 신부와 더불어 잘 수 있도록 해달라고 청한다. 이렇게

두 번 세 번 거듭하면, 신부의 부모는 그제야 서옥에 가서 자도록 허락하고 신랑이 가져온 돈과 폐백은 서옥 곁에 쌓아둔다. 아들을 낳아서 장성하면 남편은 아내를 데리고 자기 집으로 돌아간다.[19]

이른바 '서옥제'를 설명한 것입니다. 이처럼 남자가 여자 집으로 가서 결혼하고 그대로 눌러사는 남귀여가 혹은 장가와 처가살이 혼속은 신라에서도 나타나고, 이후 고려와 조선 전기까지 계속 이어졌습니다. 남귀여가 혼속은 조선 중기 이후 성리학이 정착하면서 점차 시집살이 혼속으로 바뀌게 됩니다. 또 이러한 혼속은 중국, 일본과 다른 우리나라만의 고유한 전통이었습니다. 위에선 아들을 낳아 장성하면 남자가 자기 집으로 돌아간다고 했는데, 조선 전기 무덤이나 족보, 분재기 등을 보면 계속 처가살이를 하다가 그곳에서 죽어 그대로 묻혔음을 알 수 있습니다.

특이하게도 고구려에선 부녀자의 간음, 즉 간통에 대한 규제가 없었습니다. 고조선에선 "부인들이 정신(貞信)하여 음란한 습성이 없었다"라고 했고, 부여에서는 "남녀가 음란한 짓을 하거나 부인이 투기하면 모두 죽이는데, 부인이 투기하면 더욱 미워하였다"라고 했습니다. 백제에서도 "부인이 간통하면 남편 집의 계집종으로 삼았다"라고 했습니다. 하지만 고구려에선 그러한 간통에 대한 규제가 보이지 않습니다.[20]

고구려에선 여성의 재혼도 자유로웠습니다. 『삼국사기』 권17 고구려본기 〈중천왕〉 조를 보면, 중천왕이 이미 결혼한 적 있는 관나부인을 소후(小后)로 삼으려 합니다. 그녀는 얼굴이 아름답고 고왔으며, 머리채의 길이가 9척이나 되었습니다. 왕후 연 씨는 그녀가 왕의 사랑을 독차지할까 두려워 중국 위나라에 보내버리고자 합니다. 관나부인은 그 말을 듣고 왕후를 참소하다가 도리어 중천왕에 의해 가죽주머니에 담겨 서쪽 바다에 던져지게 됩니다.[21]

백제의 자유로운 성풍속

중국 측의 기록에 의하면, 백제의 성풍속은 대략 고구려나 신라와 비슷했다고 합니다. 백제 사람들도 고구려와 마찬가지로 결혼 전에 자유연애를 했습니다. 이는 『삼국유사』 기이 제2 〈무왕〉 조의 '서동과 선화공주 이야기'에 잘 나와 있습니다.

백제 제30대 무왕의 어린 시절 이름은 서동이었습니다. 그는 신라 진평왕의 셋째 공주 선화가 절세미인이라는 소문을 듣고 신라의 서울로 가서 그곳 아이들에게 마를 나누어주고 이러한 동요를 부르며 다니게 합니다.

선화공주님은 남몰래 시집가서
서동이를 밤이면 안고 간다.

아직 결혼도 하지 않은 선화공주가 밤마다 남몰래 서동과 정을 통했다는 것입니다. 선화공주는 먼 지방으로 유배 가게 되는데, 도중 서동이 나타나 수행하고, 둘은 실제로 남몰래 정을 통했습니다. 이렇게 당시 백제와 신라 사람들은 결혼 전에 남녀가 자유연애를 했던 것입니다.[22]

백제 사람들은 결혼 후의 연애, 즉 혼외연애도 자유로웠고, 과부재가도 자연스럽게 이루어졌습니다. 이는 『삼국사기』권48 열전 〈도미〉조의 '도미의 아내 이야기'에서 간접적으로 확인할 수 있습니다.

도미는 백제의 평민으로 자못 의리를 알았고, 그의 아내도 곱고 아름다울 뿐 아니라 행실에 절조가 있었습니다. 개루왕이 이를 듣고 도미를 불러 말했습니다.

"무릇 부인네의 덕성으로는 비록 정조가 곧고 깨끗한 것을 으뜸으로 삼는다고 하지만, 만약 아무도 없는 으슥하고 어두운 곳에서 달콤한 말로 유혹하면 마음이 흔들리지 않을 수 없는 여자는 드물 거야."

당시 백제의 여인들이 비록 정조가 있는 것을 높이 쳤지만, 사람 없는 곳에서 은근히 유혹하면 얼마든지 정을 통했다는 것입니다.

하지만 도미는 그 말을 부인하고, 개루왕은 한 신하를 거짓으로 자신처럼 꾸며 도미의 아내에게 보내 음행하게 합니다. 또한 개루왕은 그녀가 자신을 속인 것을 알고서 도미의 두 눈알을 뽑아 작은 배에 실어 강물에 띄워 보내고, 그의 아내를 강제로 음행하려 합니다. 이에 그녀가 왕에게 말했습니다.

"저는 이미 남편을 잃고 혈혈단신으로 살아갈 수 없는 데다가, 하물며 왕의 사랑을 입게 되었으니 어찌 감히 명을 어기리이까? 그러나 지금은 월경 때문에 온몸이 더러워져 있으니, 다른 날을 기다려 깨끗이 목욕한 뒤에 오고자 합니다."

결국 그녀는 배를 타고 도망가 남편을 만난 뒤 고구려에 들어가 살았습니다.[23]

신라의 음란한 성풍속

신라의 성풍속도 고구려, 백제 못지않게 음란했던 것으로 알려져 있습니다. 이는 신라 왕실의 성문화만 살펴봐도 쉽게 알 수 있습니다.

『삼국유사』 기이 제2 〈선덕여왕지기삼사〉 조를 보면, 선덕여왕은 신하들과 함께 모란꽃과 여근곡 등 남녀 성기와 성관계에 대해 자연스럽게 얘기하고 있습니다.[24] 신라의 마지막 여왕인 진성여왕도 왕위에 오르기 전부터 각간 위홍과 정을 통했고, 즉위 후 위홍이 죽자 궁중에 미소년들을 두고 음행을 일삼았다고 전해지고 있습니다.[25] 또 통일신라기 경주 안압지에서는 붉은 소나무로 깎은 남근 2개가 발견되었습니다. 이태호 교수는 그에 대해 아들 갖기를 기원하는 신앙적 용도일 가능성도 있다고 했지만,[26] 거의 실물 크기인 점으로 미루어 당시 궁중 여성들의 성욕을 충족시키기 위한 자위기구였던 것으로 보입니다.[27]

신라에서도 고구려처럼 특정한 시기엔 남녀가 자유롭게 성교하는 난혼제가 존재했습니다. 이는 『삼국유사』 권5 감통 〈김현감호〉 조에 잘 나타나 있습니다.

신라 풍속에 매년 2월이 되면 초8일부터 15일까지 서울의 남녀들이 경쟁하듯 홍륜사의 전각과 탑을 돌며 복을 받고자 했습니다. 원성왕 시대에 김현이라는 화랑이 있어 밤이 깊도록 혼자 쉬지 않고 돌더니, 한 처녀가 염불하면서 따라 돌다가 서로 마음이 통해 눈을 주게 되었습니다. 탑돌이를 마친 그는 처녀를 이끌고 으슥한 곳으로 들어가 정을 통했습니다.[28] 젊은 남녀가 국가적 행사에 참여하여 눈이 맞으면 으슥한 곳으로 들어가 성을 즐기는 난혼제의 모습을 그대로 보여주고 있습니다.

목제 남근 경주 안압지 출토

　　신라 사람들도 고구려처럼 결혼 전에 자유연애를 했고, 혼전 성
관계 및 혼외출산에 대해 개방적인 의식을 갖고 있었습니다. 신라의 미
혼 남녀들이 자유롭게 만나 대화하는 모습은 『삼국유사』 권1 기이 〈김
유신〉 조에서 상징적으로 잘 보여주고 있습니다.

　　김유신이 18세에 국선이 되어 백석이라는 낭도와 함께 고구려
에 정탐하러 갈 때였습니다. 골화천에서 세 여인을 만나 맛있는 과일을
나누어 먹으며 즐겁게 얘기를 나누었습니다. 그러고는 서로 마음이 맞
아 속정을 주고받기에 이르렀습니다. 세 여인은 김유신만 데리고 수풀
속으로 들어가 "지금 적국 사람이 그대를 유인해가는데도 그대가 알지
못하고 따라가기에 우리가 만류하려고 여기에 온 것이다"라고 말해주
었습니다. 말을 마치자 세 여인은 홀연히 사라져버렸습니다.[29] 이처럼
신라의 청춘 남녀들은 길거리에서 자유롭게 만나 서로 대화하고 속정
을 주고받기도 했습니다.

　　신라 사람들이 자유연애를 하고 혼외출산까지 하는 모습은 『삼
국사기』 권41 열전 〈김유신〉 조의 '김유신의 부모 서현과 만명의 사랑
이야기'에서 잘 보여줍니다.

서현이 길에서 숙흘종의 딸 만명을 보고 마음으로 기뻐하며 눈짓으로 꾀어서 중매를 기다리지 않고 야합했습니다. 서현이 만노군 태수가 되어 장차 함께 떠나려 하자, 숙흘종이 두 사람의 관계를 알고 딸을 별실에 가두어버렸습니다. 하지만 만명은 벼락으로 뚫린 문구멍으로 빠져나와 서현과 함께 만노군으로 달아났습니다. 이후 만명은 기이한 꿈을 꾸고 임신하여 무려 20개월 만에 아들을 낳으니, 그가 바로 김유신이었습니다.[30]

서현과 만명의 딸이자 김유신의 손아래 누이인 문희도 김춘추와 더불어 결혼 전에 자유연애와 혼전임신을 했습니다. 이들의 사랑 이야기는 『삼국유사』 기이 제2 〈태종무열왕〉 조에 실려 있습니다.

어느 날 문희의 언니 보희가 꿈에 서악에 올라가 오줌을 누었더니 서울 안이 가득 찼습니다. 아침에 꿈 이야기를 들은 문희가 비단 치마를 주고 그 꿈을 샀습니다. 10일쯤 뒤에 김유신이 김춘추와 함께 집 앞에서 공을 차다가 일부러 옷자락을 밟아 옷고름을 떼어놓았습니다. 김유신이 처음에 보희에게 옷고름을 꿰매주라고 했으나, 그녀는 "어찌 그런 하찮은 일로 귀공자 옆에 가까이 가겠는가?" 하고 사양했습니다. 김유신이 다시 문희에게 옷고름을 달아주게 했습니다. 김춘추는 그제야 김유신의 의도를 알아차리고 문희와 관계했습니다. 그 뒤로 김춘추는 자주 문희에게 다녀갔습니다. 결국 문희는 임신하게 되었습니다. 또한 김유신은 중매도 없이 아이를 밴 누이를 불태워 죽이겠다는 연기를 해서 두 사람이 공식적으로 혼례를 치르도록 해주었습니다.[31]

신라에서는 결혼 전의 자유연애만이 아니라 결혼 후의 혼외연애, 즉 간통도 비교적 관대하게 여겨졌고, 사회적으로 크게 문제시되지 않았습니다. 이러한 신라 사람들의 자유로운 간통 모습은 『삼국유사』권2 〈처용랑 망해사〉조의 '처용과 그 아내의 부부생활 이야기'에서 가장 잘 보여주고 있습니다. 우선 해당 부분을 옮겨보면 다음과 같습니다.

동해 용이 기뻐하여 곧 아들 일곱을 데리고 임금이 탄 수레 앞에 나타나 왕의 덕행을 찬미하면서 춤과 노래를 연주하였다. 그의 아들 하나가 임금을 따라 서울로 들어와서 왕의 정치를 보좌하게 되었는데, 이름을 '처용'이라고 하였다. 왕이 그를 미인에게 장가들이고 그의 마음을 안착시키고자 다시 급간(신라 관등 9품관) 벼슬까지 내려주었다. 그의 아내가 너무 고왔기 때문에 역병귀신이 탐을 내어 사람으로 변하여 밤마다 그 집에 가서 몰래 데리고 잤다. 하루는 처용이 밖에 나갔다가 집에 돌아와서 이부자리 속에 두 사람이 누운 것을 보고 노래를 부르고 춤을 추면서 그만 물러나왔다. 그 노래에 이르기를

동경 밝은 달에 밤 이슥히 놀고 다니다가
들어와 자리를 보니 다리가 넷이구나
둘은 내해엇고 둘은 뉘해인고
본디 내해다마는 빼앗는 걸 어쩌리

라 했다. 이때에 귀신이 처용의 앞에 정체를 나타내어 무릎을 꿇고 말하기를 "내가 당신의 아내를 탐내어 지금 그를 상관하였소. 그런데도 당신은 노하지 않으니 감격스럽고 장하게 생각한 나머지 이제부터는 맹세코 당신의 얼굴만 그려 붙여 둔 것을 보아도 그 문 안에 들어가지 않겠소" 하였다. 이 까닭에 우리나라 사람들이 처용의 형상을 문에 그려 붙여 나쁜 귀신을 쫓고 복을 맞아들이는 것이다.[32]

여기서 역병귀신은 처용 아내의 성적 상대(애인)인 샛서방이었습니다. 미인인 그녀는 남편 처용 외에도 샛서방을 두고 밤마다 간통했던 것입니다. 하루는 밤늦게까지 놀다가 집으로 들어온 처용이 아내가 샛서방과 간통하는 모습을 직접 목격하게 됩니다. 하지만 그는 어찌하지 못하고 태연하게 노래를 부르고 춤을 추면서 물러갑니다. 앞의 '원시 시대의 성'에서 보았듯이, 고대사회에서도 아내들이 남편 이외에 샛서방을 두는 것이 거의 일반적이고 공공연한 풍습이었기 때문입니다. 또한 다른 남자에게 아내를 빼앗긴 남자를 흔히 '오쟁이진 남자'라고 했는데, 위의 처용도 마찬가지였습니다. 다만 처용은 아내의 간통을 직접 목격하고서도 여느 오쟁이진 남자들처럼 분노하거나 폭행하지 않고, 태연하게 노래하고 춤을 추며 대범하게 처신했습니다. 이에 감격한 역병귀신이 사과하면서 앞으론 처용의 형상이 붙어있는 것만 봐도 그 집엔 절대 들어가지 않겠다고 약속했던 것입니다. 이러한 샛서방과 오쟁이진 남자에 대해선 앞으로도 자주 만나게 될 것입니다.

이 밖에도 『삼국유사』 권2 기이 〈사금갑〉 조에선 궁주(왕비나 궁녀)가 중과 간통을 벌이고, 『삼국유사』 권2 〈수로부인〉 조에서는 강릉 태수의 처이자 절세미인인 수로부인이 노인이나 바다 용왕과 스캔들을 일으키기도 합니다. 또 『삼국유사』 권2 〈문무왕 법민〉 조에서는 거득공이 거사의 모습으로 변장하고 무진주의 마을을 순행하는데, 그곳의 관리 안길이 세 처첩을 불러 "누구든 오늘 밤 저 거사 손님과 함께 자는 사람은 나와 종신토록 해로하리라"라고 하면서 오히려 자기 아내들에게 다른 남자와 관계하기를 지시하기도 합니다.

신라의 혼례 풍속도 고구려의 서옥제와 같이 남자가 여자 집으로 가서 결혼하고 그대로 눌러사는 남귀여가혼, 즉 장가와 처가살이를 했던 것으로 추정하고 있습니다. 이는 『삼국유사』 권1 기이 〈도화녀와 비형랑〉 조에서 도화랑이 혼인 후에도 계속 부모와 함께 거주한 것으로 알 수 있습니다.[33]

그와 함께 신라에서는 과부재가, 즉 여성의 재혼도 별다른 거리낌 없이 자유로웠습니다. 이는 『삼국유사』 권4 의해 〈원효불패〉 조의 '원효와 요석공주의 사랑 이야기'에서 확인할 수 있습니다.

원효는 신라의 성사(聖師)였습니다. 하루는 원효가 춘의가 발동하여 이런 노래를 부르며 거리를 돌아다녔습니다.

누가 자리 없는 도끼를 주려나
하늘 받칠 기둥을 찍어내련다.

사람들은 그 말이 무슨 뜻인지 몰랐지만, 태종 무열왕만이 "이 법사가 귀부인을 얻어 훌륭한 자식을 낳고 싶어 하는구나"라고 말했습니다. 그때 요석궁에 과부 공주가 있었는데, 무열왕이 원효를 찾아 요석궁에 들게 했습니다. 이로부터 원효는 요석궁에 머물렀고, 요석공주는 과연 임신하여 이두를 창시하고 신라 10현이 된 설총을 낳았습니다. 원효는 설총을 낳은 뒤부터 세속의 복장으로 바꾸어 입고 스스로 '소성거사'라고 했습니다.[34]

신라 여인들이 남편을 잃으면 수절하지 않고 곧바로 재혼하는 풍습은 『삼국유사』 권5 감통 〈광덕과 엄장〉 조에서도 찾아볼 수 있습니다.

문무왕 때에 광덕과 엄장이라는 사이 좋은 사문(불문에 들어가 도를 닦는 사람)이 있었습니다. 광덕은 분황사 서쪽 마을에 은거하여 신발 삼는 것을 생업으로 삼아 아내를 데리고 살았습니다. 엄장은 남악에 암자를 짓고 대규모 농사를 지으며 살았습니다. 두 사람은 언제나 약속하기를 "누구든 먼저 극락으로 가는 자는 꼭 서로 알리자"라고 했습니다. 어느 날 광덕이 "나는 벌써 극락으로 가네. 그대는 잘 있다가 빨리 나를 따라오라"라고 하면서 먼저 죽었습니다. 엄장은 광덕의 아내와 함께 장사를 치른 뒤 그녀에게 말하기를 "남편이 죽었으니 나하고 같이 살지 않겠소?"라고 하니, 그녀도 "좋소"라고 했습니다. 하지만 잠자리는 거부하고, 광덕처럼 부지런히 수도해서 얼른 득도하기를 바랄 뿐이었습니다.[35]

이상과 같이 고대사회의 성도 종족 보존과 노동력의 필요성으로 인해 숭배의 대상이었습니다. 또한 고대 사람들의 성문화도 개방적이고 자유로워서 결혼 전에는 야합과 혼외출산이 일반적이었고, 결혼 후에는 혼외연애, 즉 간통이 비교적 자유롭게 이루어졌습니다. 게다가 고대에는 국가적 행사 때 모든 사람이 자유롭게 성교할 수 있는 난혼제의 풍습이 있었습니다.

3장
고려 시대의 문란한 성문화

춘화와 남녀상열지사

고려 시대의 성도 고대 삼국처럼 개방적이고 자유로웠습니다. 어쩌면 고대보다 더욱 자유분방하고 문란했던 사회였다고 해도 과언이 아니었습니다.

고려 시대의 문란한 성문화는 중국 측의 기록을 보면 쉽게 확인할 수 있습니다. 『송사』「외국열전」〈고려〉 조에 의하면, 고려 사람들은 연애결혼을 했고 남녀가 시냇가에서 함께 목욕할 정도로 스스럼없이 어울렸다고 합니다.

남녀가 자기들끼리 부부가 되는 것을 금하지 않았고, 여름철에는 시냇물에서 함께 목욕하였다. 부인과 남녀 승려들이 모두 남자처럼 절하였다.[36]

송나라의 사신 서긍이 쓴 『고려도경』에서도 고려 사람들은 목욕

고려 동경 뒷면의 성교 체위

하기를 좋아하는데, 남녀가 내외하지 않고 시냇가에서 함께 목욕했다고 합니다.

> 아침에 일어나면 먼저 목욕하고 문을 나서며, 여름에는 날마다 두 번씩 목욕하는데 시냇가에서 많이 한다. 남자 여자 분별없이 의관을 언덕에 놓고 물굽이를 따라 몸을 벌거벗되 괴상하게 여기지 않는다.[37]

고려는 불교 사회여서 부처님께 예불을 올리기 전에 항상 먼저 목욕재계를 했던 듯합니다.

고려 시대의 문란한 성문화를 가장 잘 보여주는 것이 개성 부근에서 출토된 동경(청동 거울)이 아닐까 합니다. 이 거울은 직경이 9cm 정도로 손안에 쥘 수 있는 크기인데, 뒷면에 네 가지 성교 체위가 도드라진 부조 형식으로 새겨져 있습니다. 여인은 누워서 다리를 들어 올리고 남자가 그 위에서 삽입하는 변형된 남성 상위 체위, 남녀가 마주 앉아 삽입한 뒤 서로 입을 맞추며 하는 앉은 자세형 체위, 남자가 여인의 뒤에서 껴안고 가슴을 주무르며 하는 후배위 체위, 남녀가 나란히 옆으

로 눕되 남자가 여인의 뒤에서 삽입하는 측면 후배위 체위 등이 비교적 정교하게 새겨져 있습니다.[38]

이는 침실에서 은밀히 감상하는 춘화의 일종으로, 중국의 춘궁화나 서양의 누드화 같은 것이라 할 수 있습니다. 중국의 춘궁화는 두루마리나 서화첩 형태였는데, 벽에 걸어놓고 감상하며 성적 흥분을 불러일으키는 것이었습니다.[39] 서양의 누드화도 높은 신분의 경제력 있는 사람들이 집안의 깊숙한 침실에 걸어놓고 가까운 사람들과 함께 보는 친교 수단이었다고 합니다. 누드화가 사람의 실물 크기와 같고, 살결도 부드럽고 겨드랑이의 털이나 성기 부위에 음모가 없으며, 눈은 항상 지긋이 감겨 있는 것도 그 때문이라고 합니다.[40]

고려 시대의 문란한 성문화는 당시 유행가인 고려가요에도 잘 나타나 있습니다. 고려가요는 조선 시대에 '남녀상열지사'라 일컬어질 정도로 남녀 간의 열렬한 성문화가 숨김없이 나타나 있습니다. 대표적인 예로 〈만전춘별사〉에서는 아래와 같이 임과의 진하고 강렬한 성애가 잘 나타나 있습니다.

얼음 위에 댓닢자리 보아 님과 나와 얼어 죽을망정
얼음 위에 댓닢자리 보아 님과 나와 얼어 죽을망정
정 둔 오늘 밤 더디 새오시라 더디 새오시라[41]

〈만전춘별사〉의 첫 구절인데, 차가운 얼음 바닥 위에 댓닢자리를 깔고 성교하다가 얼어 죽을지라도 제발 오늘 밤의 시간이 느리게 흘러갔으면 한다는 것입니다. 현대인의 성교 시간이 평균 5~15분에 불과한 데 비해 옛사람들은 이렇게 기본적으로 밤새도록, 아니 그것도 부족하여 시간이 더디 가기를 간절히 바랐습니다. 이는 다음과 같은 황진이의 시조에서도 확인할 수 있습니다.

> 동짓달 기나긴 밤을 한 허리를 베어내어
> 춘풍 이불 아래 서리서리 넣었다가
> 어론 님 오신 날 밤이어든 굽이굽이 펴리라[42]

밤이 가장 길다는 동짓달의 밤 시간을 크게 잘라내어 따뜻한 봄바람의 이불 속에 넣어두었다가 정든 임(애인)이 오시는 날 밤에 느리게 느리게 펼치면서 마음껏 즐기겠다는 것입니다. 밤새도록 즐기는 것조차 부족해서 동짓달의 기나긴 밤 시간까지 빌려다가 오랫동안 성교를 하겠다는 것입니다.

〈쌍화점〉에서는 고려 말 문란한 성문화의 극치를 보여줍니다. 한 여인이 쌍화점의 회회 아비, 삼장사의 주지, 우물의 용, 술집의 주인 아비 등을 찾아가 육체적 관계를 맺었다고 자랑하는데, 그 얘기를 들은 또 다른 여인이 자신도 그곳에 가야겠다고 당당히 선언합니다. 여기에서는 〈쌍화점〉의 첫 구절만 함께 들어보도록 합시다.

> 쌍화점(만두가게)에 쌍화 사러 가고신댄
> 회회(위구르) 아비 내 손목을 쥐여이다
> 이 말씀이 이 점(가게) 밖에 나명들명
> 다로러거디러
> 조그마한 새끼광대 네 말이라 하리라
> 더러둥셩 다리러디러 다리러디러 다로러거디러 다로러

그 자리에 나도 자러 가기라
위 위 다로러거디러 다로러
그 잔 데같이 젊거츠니(지저분하고 거친 곳) 없다**43**

현대 사람들은 일부일처제와 일부종사 의식에 따라 단 한 사람과 죽을 때까지 사랑하는 걸 이상으로 여깁니다. 하지만 고려 시대 사람들은 위의 〈쌍화점〉에서처럼 여러 짝과 다자간 연애를 했으며, 비현실적이고 강제적인 영원한 사랑을 외치기보다 그때그때 상황이나 처지에 따라 만나고 헤어짐을 반복하는 일시적인 관계를 맺었습니다. 우리에게 어떤 것이 더 현실적이고 자연스러운 사랑 방식인지 한 번쯤 생각해보게 합니다.

남귀여가 결혼풍속과 매 맞는 남자들

고려 시대에도 고구려 서옥제의 전통에 따라 남귀여가, 즉 남자가 여자 집으로 가서 혼례를 올리고 그대로 눌러사는 장가와 처가살이 결혼풍습을 갖고 있었습니다. 이는 조선왕조실록인 『태종실록』 태종 15년(1415) 1월 15일 자 기록에서 분명히 확인할 수 있습니다.

예조에서 복제(服制)의 의식을 올렸다.
"전조(고려)의 풍속에는 혼인하던 예법이 남자가 여자 집으로 장가들어 외가에서 아들과 손자를 낳아 기르기 때문에, 외가 친척의 은혜가 중요하므로 외조부모와 처부모의 상을 당하면 모두 30일의 휴가를 주었습니다. 본조(조선)에 이르러서도 여전히 옛 풍속을 그대로 따르고 있으므로 친하고 친하지 않음의 차등이 없어 실로 편치 않으니, 바라건대 이제부터는 외조부모의 대공(9개월 동안 입는 복제)에는 휴가를 20일 주고, 처부모의 소공(5개월 동안 입는 복제)에는 15일을 주도록 하소서."
임금이 그대로 따랐다. 이에 앞서 예조에 명하여 친영(신랑이 신부의 집에 가서 신부를 직접 맞이해옴)하는 예법을 의논하게 하니, 예조에서 자세히 검토하여 아뢰었으나, 결국 일은 시행되지 않았다.

조선 전기에도 고려 시대의 결혼풍습에 따라 여전히 장가와 처가살이를 하고 있어 외조부모와 처부모의 복제를 매우 중시했다는 것입니다. 그래서 조정에서 결혼제도를 친영과 시집살이로 바꾸고자 했으나 결국 실패하고 말았다고 합니다.

그에 따라 우리나라는 조선 전·중기까지도 재산을 아들과 딸의 차별 없이 균등하게 나눠주는 '균분상속'을 했고, 조상 제사도 아들과 딸이 서로 돌아가며 지내는 '윤회봉사'를 했습니다. 남녀의 권리와 의무가 서로 동등했던 셈입니다. 나아가 여자들의 바깥출입도 비교적 자유로웠고, 학문과 예술 활동도 결혼 이후 단절되지 않고 평생에 걸쳐 계속 이어질 수 있었습니다.[44]

당연히 이 시기엔 집안에서 여자들의 지위가 높을 수밖에 없었습니다. 조선 초기 유학자 정도전(1342~1398)은 자신의 문집 『삼봉집』에서 당시 결혼제도의 문제점을 이렇게 지적했습니다.

친영의 예가 폐지되어 남자가 여자의 집에 들어가게 되는데, 부인이 무지하여 자기 부모의 사랑을 믿고 남편을 경멸하는 경우가 없지 않으며, 교만하고 질투하는 마음이 날로 커져서 마침내는 남편과 반목

1부 숭배의 시대

하는 지경에 이르게 된다. 집안의 법도가 무너지는 것은 모두 시작이 근엄하지 못한 데서 연유한 것이다.[45]

여성들이 결혼 후 시집에 가지 않고 친정에서 계속 살기 때문에 그 부모의 세력을 믿고 남편을 업신여기며 부부싸움을 벌이는 경우가 많다는 것입니다. 그만큼 고려 시대나 조선 전기 여성들의 집안 내 권력이 막강했고, 그로 인해 투기가 심한 여성이나 소위 '매 맞는 남자들'도 적지 않게 존재했습니다.

여성이 먼저 구애하다

고려 시대 여성들은 마음에 드는 남자가 있으면 먼저 적극적으로 구애했습니다. 위에서처럼 당시엔 여자들이 결혼 후에도 계속 친정에서 자기 부모를 모시고 살아야 하기 때문에 좋은 남자가 있으면 먼저 적극적으로 나서서 자신의 남편으로 만들어야 했던 것입니다. 이러한 고려 시대 여성들의 적극적인 구애 모습은 『고려사』 권110 열전 〈김태현〉 조에 잘 나타나 있습니다.

김태현은 자가 불기이며, 전라도 광주 사람이다. 먼 조상인 사공 김길은 태조를 도와서 공을 세웠다. 아버지 김수는 담력과 지략이 다른 사람보다 뛰어났는데, 과거에 급제한 후 어사를 거쳐 영광군의 수령이 되었다. 장군 고여림을 따라 삼별초를 토벌할 때 먼저 육지에 올랐다가 전쟁터에서 죽어 돌아오지 못하였다. 어머니 고 씨가 밝은 별이 품 안으로 들어오는 꿈을 꾸고 그를 낳았다.

김태현은 10살 때 고아가 되어서도 부지런히 공부하여 일찍 학문을 이루었으며, 풍모가 단아하고 눈매는 그린 듯하였다. 일찍이 동년배들과 함께 선배의 집에서 공부하였는데, 선배가 기특하게 여기고 아껴서 자주 집안으로 데리고 들어가 음식을 대접하였다. 그 집에는 새로 과부가 된 딸이 있어 시를 조금 이해하였다. 어느 날 창틈으로 시를 던졌는데, 그 시에 이르기를,

말 탄 소년의 얼굴 깨끗하기도 하네
석 달 동안 누구신지 이름조차 몰랐네.
이제사 알고 보니 김태현이란다
가는 눈, 긴 눈썹이 은근히 마음에 들어요.

라고 하였다. 김태현은 이때부터 그 집에 발길을 끊고 가지 않았다. 숙부 김주정이 그의 글을 보고 비범하게 여기며 말하기를 "우리 가문을 빛낼 자는 바로 너다. 우리 형은 죽지 않았구나"라고 하였다.[46]

김태현은 열 살 때 아버지를 여의었지만 열심히 공부하여 일찍 학문을 이룬 미남자였습니다. 벗들과 함께 선배의 집에서 공부했는데, 그 집에는 과부가 된 지 얼마 되지 않은 딸이 친정에서 부모를 모시고 살고 있었습니다. 김태현이 미남자이자 일찍 학문을 이루어 장래가 촉망되어 보이자, 그녀는 먼저 시를 보내 적극적으로 구애하고 있습니다. 하지만 김태현은 아직 총각이고 장차 집안을 일으켜야 했으므로 더 이상 그 집에 가지 않았다는 것입니다.

독신녀·독신자 문제

고려는 불교 사회로, 사람들에게 반드시 결혼해야 한다고 강요하지 않았습니다. 불교는 개인의 해탈을 중시했기 때문에 기본적으로 가족주의가 아닌 개인주의적 성격이 강했습니다. 그래서 왕족 여성들조차 평생 독신으로 살다간 경우도 있었습니다. 대표적으로 숙종의 셋째 왕자 왕효의 외손녀인 왕재의 딸은 평생 혼인하지 않고 혼자 살았습니다. 인종의 외손녀인 왕영의 딸도 결혼하지 않고 불교를 독실하게 믿으며 혼자 살다가 죽었습니다.[47]

남성들도 결혼하지 않고 평생 독신으로 살다가 죽은 경우가 있었습니다. 대표적인 예로 『고려사』 권97 열전10 〈곽상〉 조에 실려있는 예종 때의 관리 곽여를 들 수 있습니다.

곽여가 인종 8년(1130)에 죽으니 향년 72세였다. 왕이 부고를 받고 애석하게 여겼으며, 근신을 보내 제사를 지내주고 '진정'이라는 시호를 주고 또 지제고 정지상에게 명령하여 〈산재기(山齋記)〉를 지어 비석에 새기게 했다. 곽여는 몸이 부대하고 얼굴에는 수염이 없었으며, 눈은 구슬을 걸어놓은 것 같았다. 그는 많은 책을 읽었으며, 심지어 도교, 불교, 의학, 약학, 음양설에 관한 서적까지 모두 독파했으며, 또 한 번 보기만 하면 암기하고 잊어버리지 않았다. 그뿐 아니라 궁술, 기마, 음률, 바둑 등에 대해서 해보지 않은 것이 없었다.

그는 죽을 때까지 결혼하지 않았고, 홍주에 있을 때는 한 기생을 가까이 두었다가 돌아올 무렵에 그 기생에게 약을 먹인 다음 신선이 되어 갔다고 거짓말을 유포하는 한편 몰래 서울로 데려다 살다가, 급기야 그 기생이 늙어서 볼품없이 되자 제 집으로 돌려보냈다. 또 산재에 있

수월관음도 일본 단잔진쟈(談山神社) 소장

을 때는 항상 비첩(婢妾)을 데리고 있었다. 그래서 그에 대한 당시의 여론이 좋지 않았다.[48]

곽여는 어릴 때부터 불교적 성향이 강하기도 했지만, 다양한 분야의 책들을 섭렵하며 자신이 하고 싶은 것을 마음껏 하고 사는 자유로운 성향의 사람이었습니다. 72세까지 평생 결혼하지 않고 독신으로 살았습니다. 그렇다고 여색을 멀리한 것이 아니라 기녀나 비첩을 계속 데리고 다닐 정도로 플레이보이적 기질도 갖고 있었습니다.[49] 그는 다만 결혼하지 않았을 뿐입니다.

조석견의 처 장 씨의 다자간 연애

고려 시대에도 혼외연애, 즉 간통이 비교적 자유롭게 이루어졌습니다. 앞에서처럼 고려 시대엔 그때까지 내외법이 없었습니다. 또 여성들의 신앙 활동이 보장되었을 뿐만 아니라 연등회나 팔관회, 천도제나 부모 기일 등 다양한 불교 행사로 남녀가 섞여 있는 경우가 많다 보니 자연스럽게 서로 눈이 맞아 간통사건을 일으키는 경우가 많았습니다.

물론 고려 시대에도 간통법이 존재하긴 했습니다. 당시 간통죄는 주로 유배형으로 처벌되었는데, 이는 주로 곤장형으로 처벌받던 중국과 비교하면 훨씬 엄한 처벌이었습니다.[50] 하지만 고려 시대에는 간통죄에 대한 처벌이 그리 엄격하지 않아서 사회적으로 논란이 되는 간통사건이 자주 발생했습니다. 권력에 의해 형벌의 경중이 일관되게 처리되지 못한 경우가 많았고, 사회적으로 문란한 성문화가 워낙 만연해 있었으며, 원나라의 문란한 성문화도 강하게 작용하고 있었습니다.[51]

고려 시대의 대표적인 간통사건으로는 『고려사』 권114 열전27 〈구영검〉 조에 실려 있는 '조석견의 처 장 씨 이야기'를 들 수 있습니다.

공민왕 때 강윤충이라는 남자가 재상 조석견을 방문하여 담화를 나누는데, 조석견의 처 장 씨가 강윤충을 엿보고 '미남자'로 여겼습니다. 그 후 남편 조석견이 죽자 장 씨가 종을 보내 강윤충을 집으로 초청했으나 그는 쉽게 응하지 않았습니다. 종의 왕래가 세 번씩이나 있고 나서야 강윤충은 그 집에 가서 장 씨와 관계를 맺었습니다. 하지만 장

씨에게 음란하다는 소문이 있자, 강윤충은 그녀를 버렸습니다.

　　그때 구영검이라는 남자가 있었는데, 그는 처음에 안규의 딸과 혼인하여 두 아들을 낳았고, 다시 김자장의 딸과 혼인하여 두 아들과 다섯 딸을 낳았습니다. 이후 구영검의 처 김 씨가 죽었는데, 장 씨가 그것을 알고 이번에는 구영검을 억지로 맞아들여 사통하고는 결국 남편으로 삼았습니다. 그런데 구영검이 중국을 정벌하러 떠나자, 장 씨는 또다시 음란한 행동을 많이 벌였습니다. 구영검은 돌아와서 부부관계를 끊었는데, 그녀는 이를 원망했습니다. 이후 구영검이 참소를 당해 감옥에 갇히게 되자, 장 씨가 외삼촌을 시켜 왕에게 고소하여 그를 처형하게 했습니다. 그 뒤로도 장 씨는 대호군 이구축이라는 남자와 사통하여 어사대의 심판을 받기도 했습니다.[52]

　　이렇게 조석견의 처 장 씨는 앞서 〈쌍화점〉의 여인처럼 강윤충, 구영검, 이구축 등 여러 명의 남자와 다자간 연애를 하고, 영원한 사랑이 아닌 짧은 만남과 헤어짐을 반복하는 일시적 관계를 맺었습니다. 어쩌면 이것이야말로 고려 시대 여성들의 전형적인 사랑 방식이 아니었던가 합니다.

　　고려 시대엔 이혼하는 데도 큰 제약이 없었습니다. 서긍의 『고려도경』에도 "고려의 부부들은 뜻이 맞지 않으면 쉽게 이혼하며 낳은 자식은 별실에 거처한다"라고 했습니다.[53] 따지고 보면 고려의 여성들은 이혼해도 별로 걱정할 게 없었습니다. 자기 집(친정)이 있었고, 자기 소유의 재산이 있었으며, 재혼도 쉽게 할 수 있었기 때문입니다.[54]

　　고려 시대엔 재가에 대한 금기 의식이나 특별한 규제도 없어서 재혼이 자유로웠습니다. 심지어 고려 시대엔 왕들도 재혼녀를 왕비로 맞이하는 데 꺼리지 않았습니다. 대표적인 예로 성종의 왕비 문덕왕후

유 씨는 처음에 홍덕원군과 결혼했다가 헤어지고, 다시 성종과 결혼했습니다.[55] 그럼에도 죽은 뒤 '문덕왕후'라는 시호를 받았고, 성종과 함께 묘에 묻혔습니다.

이상과 같이 고려 시대의 성은 오히려 현대보다 더욱 개방적이고 자유분방했습니다. 고려 시대의 성에 관해선 언젠가 별도로 본격적으로 살펴볼 필요가 있을 듯합니다. 현대의 보수적인 성의식을 해결할 수 있는 여러 가지 시사점을 제공해줄 수 있기 때문입니다.

4장
조선 전기의 개방적인 성의식

조선 전기는 과도기였다

조선은 유교 국가를 표방하며 고려 말의 사회적 혼란을 수습하고, 성리학을 기반으로 한 새로운 질서를 수립하고자 했습니다. 당연히 고려 말의 성문화도 억압과 통제의 방향으로 나아갑니다. 그러나 현실이 곧바로 이념대로 흘러가는 것은 아니었습니다. 조선은 성리학의 예교를 토대로 성을 통제하고자 했지만, 실제 생활은 그렇지 않아서 이념과 현실의 괴리, 곧 이중성을 드러냈습니다. 조선 전기까지도 고려 시대의 문란한 성문화가 계속 이어져 성적으로 매우 개방적이고 자유로운 모습을 보여주었던 것입니다. 조선의 성문화가 본격적으로 통제되기 시작한 것은 16세기 성리학 신봉자인 사림들이 등장하면서부터였습니다.

남성들의 호색 풍조

조선 전기엔 고려 시대 성문화의 영향으로 성욕도 인간의 자연스러운 욕구로 인정하는 분위기가 유지되었습니다. 남성만이 아니라 여성의 성욕도 거의 대등하게 인정했습니다. 먼저 조선 전기 사람들이 남성의 성욕을 자연스럽게 여기는 모습부터 살펴보겠습니다.

『태평한화골계전』은 조선 전기 훈구파 문신이었던 서거정(1420~1488)이 편찬한 설화집으로, 서거정의 서문에 의하면 세상을 교화하는 데 도움이 될 듯하여 벗들과 우스갯소리로 하던 이야기들을 기록해놓은 것이라고 합니다. 또 양성지와 강희맹의 서문에 의하면, 『태평한화골계전』은 당시 사대부들 사이에서 회자되던 이야기를 채록해놓은 것이지 결코 근거 없는 이야기들을 지어낸 것이 아니니 단지 웃음거리로 치부하지 말라고 했습니다.[56]

이러한 『태평한화골계전』 제16화 '신혼' 편에는 조선 전기 남성들의 성욕을 자연스럽게 인정하는 모습이 잘 나타나 있습니다.

성주 지방에 한 사족의 아들이 있었다. 그는 장가를 든 뒤로 아내를 너무 가까이한 나머지 학업을 전혀 돌보지 않았다. 이에 그의 아비가 엄하게 훈계를 하였다.

"소싯적에는 경계할 바가 여색(女色)에 있는 것이니라. 하물며 남녀 간에는 구별이 있어야 집안의 법도를 이룰 수 있느니라. 서울로 유학을 떠나 입신양명하여 부모를 드러나게 하라."

서생은 하직을 고하고 집을 나섰다. 그러나 이웃집으로 가서 숨어 지내면서 매일 밤마다 담을 넘어가 남몰래 제 아내를 만나는 것이었다.

그러던 어느 날 유모가 그 아비에게 고했다.

"집안에 몹시 괴이한 일이 벌어지고 있습니다. 선비가 서울로 떠난 뒤로 신부가 외간 남자와 사통을 하여 야간의 종적이 수상하기 그지없습니다. 빨리 단속을 하소서."

아비가 말했다.

"증거가 없으니 어떻게 하겠느냐?"

하루는 유모가 뒤를 밟고서 그 아비에게 고했다.

"사내가 이미 담을 넘었나이다."

아비는 몽둥이를 들고 고함을 질렀다.

"어떤 오살할 자식이 감히… 단번에 때려죽이고 말 것이다. 속히 나와서 죽음을 받으라!"

그러나 아비가 다시 보니 서생이었다. 아비는 아들을 부여잡고 통곡하였다.

"자칫하면 자식을 죽일 뻔했구나. 내 들으니 '단술을 마시는 자는 비록 많이 마셔도 술에 취하지 아니하고, 아내를 사랑하는 자는 비록 몹시 사랑하더라도 몸을 상하지 않는다' 하더구나. 내가 잘못하였다. 네 하고 싶은 대로 하려무나."[57]

이처럼 조선 전기 사람들은 장가간 아들이 지나치게 여색을 탐하는 것을 두고 처음엔 건강을 생각해서 경계하나, 결국 "아내를 사랑하는 자는 비록 몹시 사랑하더라도 몸이 상하지 않는다"고 하면서 부부간의 성욕을 자연스러운 것으로 인정해줍니다.

조선 중기 이후론 남성의 성욕도 숨기고 억제해야 할 금욕의 대상이 됩니다. 그렇지 않으면 도덕이나 인품에 결함이 있는 것처럼 취급했습니다. 하지만 조선 전기엔 남성의 호색을 한때의 풍류나 자랑거리로 여겼습니다. 예컨대 조선 전기 공신이자 어릴 때부터 효자로 유명했던 김효성(?~1454)은 여성 편력이 대단했습니다. 부인 이외에 여러 애인을 두고서도 전혀 부끄럽게 여기거나 숨기지 않고 당당하게 말했습니다. 다음은 이육이 편찬한 『청파극담』에 나오는 이야기입니다.

> 판원 김효성은 사랑하는 계집이 많았고, 부인도 질투가 대단히 심했다. 어느 날 공이 밖에서 들어오다가 부인 곁에 검정물을 들인 모시 한 필이 있는 것을 보고 "이 검은 베는 어디다 쓸 것인데 부인 자리 곁에 놓았소?" 하고 물으니, 부인이 정색하고 "당신이 여러 첩에게 빠져 본 마누라를 원수같이 대하므로, 나는 결연히 중이 될 마음을 먹고 이것을 물들여 왔습니다" 하였다. 그러자 공이 웃으면서 "내가 호색하여 기녀, 의녀로부터 양가의 여자, 천한 여자, 바느질하는 여종 할 것 없이 얼굴이 곱기만 하면 꼭 사통하여 왔으나, 여승에 이르러서는 아직 한 번도 가까이해본 적이 없소. 그대가 여승이 될 수만 있다면 이것은 내가 정말 원하던 것이오" 하니, 마침내 부인이 한마디 말을 못 하고 그 승복을 내동댕이쳤다.[58]

김효성은 성품이 호색하여 기녀, 의녀, 여종, 양인 여자 등 다양한 여성과 사통했는데, 그것도 아주 당당하게 남자의 풍류쯤으로 여겼습니다. 물론 부인의 질투, 즉 반발심도 만만치 않아서 결국 이혼하고 여승이 되고자 했습니다. 하지만 김효성이 마침 여승과도 사통하고 싶었다며 달려들자, 부인이 모든 걸 포기하고 말았다는 것입니다.

초기 성리학자의 성관념

조선 전기엔 유학자, 즉 초창기 성리학자들도 인간의 성욕을 인정하며 여색을 경계하지 않았습니다. 예를 들어 『태평한화골계전』 제2화 '자락처(自樂處)' 편에 등장하는 성리학자 정도전, 이숭인, 권근에 얽힌 이야기를 들어봅시다.

삼봉 정도전과 도은 이숭인과 양촌 권근이 함께 평소 좋아하던 바를 이야기했다. 먼저 정도전이 말했다.
"겨울 눈이 처음 날릴 때 담비 가죽옷과 준마로 손에는 누렁이를 끌고 팔에는 매를 걸치고 평원을 달리며 사냥을 하지. 그것이 가장 즐거운 일이야."
이숭인이 말했다.
"산속의 청정한 방, 밝은 창가 깨끗한 책상, 향을 사르고 중과 마주하여 차를 끓이며 시를 짓지. 그것이 가장 즐거운 일이야."
끝으로 권근이 말했다.
"흰 눈이 뜰에 가득하고 붉은 햇살은 창을 비출 때, 온돌이 따뜻한 방 안에서 병풍을 치고 화로를 옆에 두지. 손에는 책을 하나 들고 그사이에 편안하게 눕는다네. 미인은 섬섬옥수로 수를 놓다가 때때로 바늘을 멈추고 밤을 구워서 먹으라고 권한다네. 그것이 가장 즐거운 일이야."
그러자 정도전과 이숭인이 크게 웃으며 말했다.
"그대의 즐거움 또한 우리를 깨닫게 하는구려."[59]

초기 성리학자 정도전, 이숭인, 권근이 서로 돌아가며 평소 좋아하는 것을 얘기합니다. 정도전은 겨울날 눈발을 뚫고 매사냥하는 것을, 이숭인은 절에서 중들과 차를 마시며 시 쓰는 것을 가장 즐긴다고 합니다. 하지만 권근은 따뜻한 방안에 병풍을 치고 누워 미인이 화로에 밤을 구워 가끔씩 먹으라고 권해주는 것이라고 합니다. 그러자 정도전과 이숭인이 권근의 즐거움이야말로 인생의 즐거움이라고 부러워합니다. 이처럼 조선 전기엔 성리학자들조차 인간의 성욕을 긍정적으로 인식하며 적극적으로 즐기면서 살고자 했습니다.

무성애자가 비난받던 시대

조선 전기엔 오히려 성욕을 느끼지 못하거나 멀리하는 무성애자를 문제적 인물로 여기기도 했습니다. 성욕은 식욕과 함께 인간의 가장 큰 욕망인데, 그것을 모른다는 것은 문제가 아닐 수 없다는 것입니다. 대표적으로 성현의 『용재총화』에는 당시 여색을 모르는 세 남자의 이야기가 실려 있습니다.

> 음식과 성욕은 사람의 큰 욕망인데도 지금 여색을 모르는 사람이 셋 있다. 제안대군은 무한히 아름다운 아내를 두었으되 항상 말하기를 "부녀자는 더러워서 가까이하지 말아야 한다" 하며 마침내 부인과 마주 앉지 않았다. 생원 한경기는 상당부원군의 손자인데, 마음을 닦고 성품을 다스린다는 구실로서 문을 닫고 홀로 앉아 일찍이 그 아내와 서로 말한 일이 없었으며, 만약 여종의 소리라도 들리면 막대기를 들고 내쫓았다. 김자고에게는 외아들이 있었는데 어리석어서 콩과 보리를 분변하지 못하였고, 또한 음양의 일을 알지 못하였다. 김자고는 그

후사가 끊어질 것을 염려하여 음양의 일을 아는 여자를 단장시켜 함께 자고 운우지락을 가르치려 하니, 그 아들은 놀래어 상 밑으로 도망쳐 들어갔다. 그 뒤에는 붉게 단장하고 족두리 한 여자만 보면 울면서 달아났다.[60]

조선 전기 성욕을 모르는 세 남자가 있었는데, 제안대군은 어여쁜 아내를 두고서도 가까이하지 않았고, 한경기는 수양을 위해 아내와 말조차 하지 않았으며, 김자고는 천성이 어리석어 음양의 이치를 몰랐다는 것입니다. 성현은 그들 모두 문제적 인물로 보며 안타깝게 여기고 있습니다. 그만큼 조선 전기 사람들은 인간의 성욕을 중시했던 것입니다.

나는 정력이 센 남자가 좋더라

조선 전기엔 남성의 성욕만이 아니라 여성의 성욕도 사회적으로 자연스럽게 여겼습니다. 여자들도 얼마든지 자신의 성욕을 추구할 수 있다는 것입니다. 예컨대 성현의 『용재총화』제6권에 한 양반집 여자가 공개적으로 정력이 센 남자를 좋아한다고 선언하는 이야기가 나옵니다. 이 이야기는 송세림이 편찬한 『어면순』에도 수록되어 있는 점으로 미루어 당시에 상당히 유행했던 이야기인 듯합니다.

옛날에 한 처녀가 있었는데, 중매하는 사람이 많았다. 혹은 문장에 능하다 하고, 혹은 활쏘기와 말 달리기를 잘한다 하고, 혹은 못가에 좋은 밭 수십 이랑이 있다 하고, 혹은 양기가 왕성하여 돌 든 주머니를 양근에 매달고 휘두르면 머리 뒤로 넘긴다 하였다. 처녀가 시를 지어 그 뜻을 보이며 말하기를 "문장이 활발함은 노고가 많고, 활쏘기와 말 달리는 재능은 싸워서 죽을 것이요, 못 밑에 밭이 있는 것은 물로 손해를 볼 것이니, 돌 든 주머니를 휘둘러 머리 위로 넘기는 것이 내 마음에 들도다" 하였다.[61]

여기서 처녀는 시를 지을 줄 아는 것으로 보아 양반집 규수였던 듯합니다. 그녀는 자신의 신랑감으로 문인이나 무인, 부자도 아닌 정력이 센 남자가 좋다고 공개적으로 말하고 있습니다. 이는 당시 사회적으로 여성의 성욕을 인정하는 풍토가 있었기 때문일 것입니다.

심지어 서거정의 『태평한화골계전』에는 한 양반집 처녀가 자신이 원하는 성욕을 추구하기 위해 결혼도 하지 않고 살아간다는 이야기가 있습니다.

양갓집에 한 처녀가 있었다. 그녀는 나이 30살에도 시집을 가지 못하였다. 그 이웃에는 못된 젊은이가 살고 있어 밤마다 담을 넘어가 그녀와 상종했다. 언젠가 그 젊은이가 말했다.
"그대는 혼인할 시기를 놓쳤어. 나이가 장년에 이르도록 아직도 처녀로 지내다니 애석한 일이야."
그러자 처녀가 대답했다.
"당신과 밤마다 정을 나눌 수만 있다면 나는 처녀라도 또한 좋아요."[62]

양갓집 여자는 30세가 되도록 결혼하지 않고 이웃집 젊은이와 밀애를 나누며 살아갔습니다. 두 사람이 몰래 만나 정을 통하는 점으로 미루어 이웃집 젊은이는 유부남이자 그녀의 샛서방이었던 듯합니다. 그가 자기 때문에 혼기를 놓쳐 안타깝다는 듯이 말하자, 여자는 도리어 "당신과 밤마다 정을 나눌 수만 있다면 나는 처녀라도 또한 좋아요"라고 거리낌 없이 말합니다. 아마도 그녀는 남자의 성적 매력에 깊이 빠져 있었던 듯합니다.

성소화집의 대유행

현대는 보수적인 성의식으로 인해 성 이야기를 하는 걸 부끄러워하고 꺼립니다. 하지만 조선 전기만 해도 성 이야기는 숨겨야 할 대상이 아니었습니다. 오히려 현대보다 훨씬 자유로워 일종의 '음담패설'이라 할 수 있는 성소화집이 다양하게 편찬되었습니다. 그것도 당대의 내로라하는 학자나 문인, 관료 등 양반사대부들이 성소화집의 편찬을 주도했습니다. 대표적으로 서거정의 『태평한화골계전』, 강희맹의 『촌담해이』, 성현의 『용재총화』, 송세림의 『어면순』, 성여학의 『속어면순』 등을 들 수 있습니다.

이 책들은 대부분 구비 서사물을 채록한 것으로, 당시 사람들의 성적 욕망과 생생한 성문화를 가감 없이 드러내고 있습니다.[63] 차례대로 간략히 소개하면 다음과 같습니다.

서거정, 『태평한화골계전』: 앞에서도 잠깐 살펴봤지만, 서거정은 성종 때 문명을 날린 대학자로 성리학을 비롯해 천문, 지리, 의약 등에 정통했습니다. 『태평한화골계전』은 벼슬살이에서 물러난 후 한가로이 지내면서 우습고 음란하기까지 한 육담류 이야기들을 모아 엮은 책입니다. 당대 최고의 학자가 이런 음란 서적을 편찬했다는 사실이 아주

재미있습니다.

강희맹, 『촌담해이』: 강희맹(1424~1483)은 조선 전기 문신으로 이조판서, 좌찬성 등을 역임했습니다. 당시 내로라하는 대학자로, 세상일에 밝고 문장에 뛰어났습니다. 『촌담해이』는 시골에서 한가롭게 지내면서 촌 노인들과 나눈 이야기를 수록했다고 합니다. 현재는 『고금소총』에 『촌담해이』의 소화 중 10여 개가 수록되어 있는데, 주로 성적인 이야기가 많습니다.

성현, 『용재총화』: 성현(1439~1504)은 성종 때의 문신이자 학자로, 대사간, 공조판서, 대제학 등을 지냈습니다. 예악에 밝고 문장에 뛰어났습니다. 『용재총화』는 고려 시대부터 조선 성종 때까지의 왕실이나 관료, 문인, 과부, 승려, 기녀 등 다양한 사람들의 이야기를 담고 있어 당시의 인정과 풍속을 알 수 있습니다. 이 책도 호색적인 외설담이 많은 양을 차지하고 있습니다.

송세림, 『어면순』: 송세림(1479~?)은 성종 10년(1479)에 태어나 1502년 문과에 장원급제한 인물입니다. 당대에 문명을 떨쳤고, 그림과 글씨에도 매우 뛰어났습니다. 병 때문에 벼슬을 그만두고 고향 태인으로 내려가 만년을 보내면서 수집한 이야기들을 『어면순』(잠을 막는 방패)이라는 책으로 엮었습니다. 역시 대부분 노골적인 성 이야기를 주제로 하고 있습니다.

성여학, 『속어면순』: 성여학(1557~?)은 조선 중기 문인이자 성혼의 제자로 특히 시를 잘 지었습니다. 바로 위에 소개한 것처럼 송세림이 『어면순』을 지었는데, 성여학이 그곳에 미처 수록되지 않은 이야기들을 추가로 모아서 책으로 만들었다고 합니다. 총 32편 중 27편이 성 이야기입니다.

용재총화 서울대학교 규장각 소장　　　**고금소총** 한국학중앙연구원 소장

　　이와 같이 조선 전기와 중기만 해도 양반사대부들은 음담패설
이라 할 수 있는 성 이야기에 적극적인 관심을 갖고 채록하여 다양한
성소화집을 편찬했습니다. 앞에서처럼 이것들은 당시 민간에 떠도는
성 이야기들을 채록해놓은 것이지, 결코 근거 없는 내용들을 억지로 꾸
며낸 것이 아니었습니다. 또 여느 문예물과 달리 남녀 간의 자유연애,
간통, 강간, 자위, 수간, 성기 이야기 등이 아주 노골적이고 적나라하게
표현되어 있습니다.

　　하지만 17세기 이후인 조선 후기에 이르면 상황은 완전히 달라
집니다. 조선 후기엔 양반사대부가 성소화집 편찬에 참여한 경우는 거
의 사라집니다. 조선 후기 성소화집으로는 홍만종의 『명엽지해』, 장
한종의 『어수신화』, 그리고 필자 미상의 『파수록』, 『기문』, 『성수패설』,

『교수잡사』 등 대단히 많습니다. 그런데 편찬자가 밝혀진 경우는 이처럼 홍만종과 장한종뿐이고, 나머지는 모두 편찬자가 미상입니다.

　　『고금소총』과 『명엽지혜』라는 성소화집을 편찬했다는 홍만종(1643~1715)은 숙종 1년(1675) 진사시에 합격한 후 부사정(종7품 무관직), 참봉(종9품 벼슬) 등 하급벼슬을 지냈습니다. 이후 그는 벼슬을 버리고 학문과 문장에 뜻을 두어 역사, 지리, 설화, 가요, 시 등의 저술에 전념했습니다. 또 19세기에 『어수신화』라는 성소화집을 남긴 장한종(1768~1815)은 집안 대대로 화원 출신이었습니다. 그 밖의 조선 후기 성소화집들은 모두 편찬자를 확인할 수 없거나 필명만 남아있을 뿐입니다. 성에 대해 보수적인 사회에서 자신의 이름을 내걸고 성소화집을 편찬할 수 없었던 것입니다.

5장
조선 전기 남녀의 자유로운 성풍속

왕실 남성들의 호색 풍조

조선 전기는 고려 말의 문란한 성풍속을 이어받아 성적으로 매우 자유분방한 사회였습니다. 먼저 조선 전기 상류층 남성들은 자손 번창을 빌미 삼아 첩과 기녀를 많이 거느렸고, 그것을 영웅호걸의 풍류쯤으로 여겼습니다. 우선 국왕만 해도 왕실과 나라를 계승·번창시킨다는 명목으로 왕비 외에 여러 명의 후궁을 두었습니다. 대표적으로 성종은 '호색 군주'로 유명했는데, 왕비 3명에 후궁이 무려 14명이나 되었고, 기녀들도 좋아하여 수시로 밤에 대궐 밖을 나가거나 대궐 안으로 불러들여 즐기기도 했습니다.[64] 성종의 호색에 대해선 나중에 좀 더 자세히 살펴보겠습니다. 세조 역시 14세 때부터 기생집에서 자고 다니고, 여러 기생을 첩으로 두었습니다.

왕의 일가친척인 종실들도 부귀를 기반으로 기녀들과 사통하며 여색을 즐겼습니다. 대표적인 예로 단종, 세조, 예종대에 조정을 떠들썩하게 만들었던 '초요갱 사건'을 들 수 있습니다. 초요갱은 옥부향,

자동선, 양대 등과 함께 세조 때의 4대 명기였습니다. 그녀는 미모뿐만 아니라 가무에도 아주 뛰어났습니다. 그래서 여러 대군과 신하들이 그녀와 사통하고자 야단법석을 떨었고, 심지어 그녀 앞에선 상피(相避: 가까운 친척 관계인 남녀가 성적 관계를 맺는 일) 관계도 무시되었습니다.

처음에 초요갱은 세종의 일곱 번째 아들 평원대군 이임의 첩이었습니다. 이후 단종 3년(1455) 세종의 서자 화의군 이영이 그녀와 사통했습니다. 평원대군과 화의군은 어머니가 다른 형제로 상피 관계였습니다. 이에 따라 단종은 화의군을 외방으로 유배 보내고, 초요갱에겐 곤장 80대를 때리도록 했습니다.

그로부터 2년 뒤인 세조 3년(1457), 세조가 왕위에 오르는 데 공을 세운 좌익공신이자 예장도감 판관이었던 신자형이 초요갱을 매우 좋아하여 그녀를 기첩으로 들인 뒤, 정처를 소박하고 집안일을 그녀에게 관리하도록 했습니다. 또 초요갱의 말만 믿고 여종 2명을 때려죽이기에 이르렀습니다. 세조는 신자형의 직첩을 거두게 하고, 초요갱은 먼 지방으로 유배 보내게 했습니다.

그런데 초요갱은 곧바로 유배를 떠나지 않았던 듯합니다. 그해 10월 7일, 안계담이 칠촌 숙부인 신자형의 기첩 초요갱을 간음하려고 무턱대고 방으로 뛰어 들어가니, 신자형의 아내 이 씨가 놀라 달아나다가 땅바닥에 넘어졌습니다. 결국 초요갱을 찾아내지 못했고, 안계담은 미쳐 날뛰며 노비들을 마구 구타했습니다.

세조 9년(1463) 윤7월 4일, 이번엔 세종의 둘째 서자인 계양군 이증이 초요갱과 사통했습니다. 세조는 계양군 이증이 초요갱과 사통한 것을 알고 물었지만, 그는 기어코 무고라고 주장하며 계속 초요갱을

필자 미상. 풍속도 중 기방쟁웅
국립중앙박물관 소장

찾아가 관계했습니다. 또 판사 변대해가 몰래 초요갱과 간통하자 종을 시켜 죽이기도 했습니다. 이에 세조가 종친과 대신들에게 경계하기를 "기생을 가까이한 자는 사람이 아니다"라고까지 말했습니다. 그와 함께 잔치할 때 기생들에게 화장을 두껍게 해서 그 얼굴을 몰라보게 하라고 지시했습니다.

하지만 이후 세조 12년(1466) 9월 12일, 왕은 초요갱, 양대, 자동선, 옥부향 등 4인을 천민 신분에서 벗어나 양민이 되게 해줍니다.

비록 여러 사람과 성 스캔들을 벌였지만, 워낙 유명한 기녀들이고, 그간 나라의 잔치에 참여하여 고생이 많았으므로 기녀에서 해방하여 양민이 되게 해주었던 듯합니다.

그녀에 관한 실록의 마지막 기사는 예종 1년(1469) 7월 17일에 나오는데, 평안도 도사 암맹지가 초요갱과 사통했다는 짤막한 내용입니다. 이즈음 초요갱은 평양부의 기녀로 일하고 있었던 모양입니다. 그녀는 끝까지 누구에게도 얽매이지 않고 성의 자유를 누리며 살았던 것입니다.

이와 같이 조선 전기 종친을 비롯한 대신들은 한 기녀를 두고 일가친척이 서로 돌아가며 사통할 정도로 호색적인 성향을 보였습니다. 물론 초요갱은 기녀라서 더욱 그러했겠지만, 조선 전기 여성들도 고려시대처럼 다자간 연애와 일시적 사랑을 나누었습니다.

양반층의 이중적인 성문화

조선 전기 양반사대부 역시 이중적인 성문화를 갖고 있었습니다. 겉으론 점잖고 품위를 지키는 듯했으나, 실제론 국왕이나 종친들 못지않은 성적 풍류를 즐겼습니다. 그들은 부인 외에 주로 첩과 기녀, 노비 등을 통해 성적 욕망을 해소했습니다.

먼저 양반사대부들은 후손을 빌미로 첩을 들여 여색을 즐기거나 각종 수발을 들도록 했습니다. 심지어 그들은 "모름지기 남자란 출세하면 첩을 두어야 한다"고 하면서 첩을 남성 권위의 상징으로 여기기도 했습니다.

또한 그들은 공적·사적 연회에서 기녀를 데리고 유흥을 즐기거나 성적 쾌락을 누렸습니다. 지방관으로 나갈 때도 기녀의 수청을 받았는데, 때로 그러한 관기들을 첩으로 들이기도 했습니다.

가장 주목할 만한 점은 양반사대부의 여종에 대한 성적 착취입니다. 그들은 틈만 나면 여종의 성을 농락하고자 했는데, 여종이 미혼이든 기혼이든 가리지 않았습니다. 혹자는 "그때 여종의 남편은 대체 뭐 했느냐?"고 반문할 수 있겠지만. 안타깝게도 노비는 자기 아내의 성을 지켜줄 힘이 없었습니다. 당시 양반사대부의 여종에 대한 성 착취는 사회적으로 특별히 문제가 되지 않아서 거의 일상적으로 이루어졌던 듯합니다. 대표적으로 서거정의 『태평한화골계전』 권2 '양사문' 편에 실려있는 여종의 성적 착취 일화를 살펴보도록 하겠습니다.

> 양모(楊某)의 집에는 계집종이 있었다. 그는 계집종과 사통하고자 하여 꾀를 부렸다. 복통이 났다고 거짓말을 하고서 의원을 불러 몰래 부탁하였다. "처녀로 하여금 환자와 발바닥을 마주 대게 하면 그 병은 곧 나을 것이라"고 말해 달라는 청이었다. 부인은 그의 말을 곧이곧대로 듣고 그렇게 하도록 허락하였다. 그의 꾀에 속았던 것이다.
> 양모는 또 남몰래 종의 처와도 사통하였다. 그런데 종이 염탐을 하여 그러한 사실을 알았다. 이번에는 양모가 종을 속여 담장에다 매달아 놓고서 한동안 풀어주지 않았다. 마침내 그는 다시 사통에 성공하였다.
> 한번은 양모가 이웃집에 가서 사랑하는 계집종의 젖가슴을 어루만졌다. 그런데 마침 그 집 주인 영감이 측간에 갔다가 그 광경을 주시하고 있는 것이었다. 양모는 부끄러워 도망을 쳤다.[65]

한 양반이 부인을 속이고 몰래 여종과 사통했습니다. 그는 또 다른 종의 처와도 사통하는데, 그 종이 사실을 알게 되자 한동안 담장에 매달아두고 사통합니다. 조선 사회에서 성이 신분이나 권력 앞에 얼마나 무기력했고, 당시 성이 갖는 사회적 의미에 대해서도 확인할 수 있을 것입니다.

성에 솔직한 여성들

그렇다면 조선 전기 여성들의 성문화는 어떠했을까요? 흔히 말하는 것처럼 성리학적 예교에 속박되어 한없이 희생만 당했을까요? 결론부터 말하자면 전혀 아니었다는 것입니다. 조선 전기 여성들도 이전의 고대나 고려 시대처럼 남성들 못지않게 성적 쾌락을 누리고 있었습니다.

조선 전기엔 앞서 처녀들의 경우에서처럼 사회적으로 여성의 성욕을 인정하는 분위기였을 뿐 아니라, 여성들도 자신의 성적 욕망을 추구하는 데 매우 적극적이었습니다.

또한 조선 전기엔 고려 시대와 마찬가지로 여성들의 이혼과 재혼이 비교적 자유로웠습니다. 우선 이 시기 여성들은 자신이 원하는 만큼의 성적 욕망을 채워주지 않는다는 이유로 남자들과 헤어지곤 했습니다. 그 대표적인 예가 이징옥의 아내였습니다.

이징옥은 세종 때의 무인이자 육진 개척에 공이 컸던 인물인데, 그 아내는 남편의 잦은 출정에 불만을 품고 다른 남자를 사귀어 떠나갔습니다. 다음은 차천로가 편찬한 일화집 『오산설림초고』에 실려있는 이징옥의 아내에 관한 이야기입니다.

이징옥의 아내가 교만하여 그를 배반하고 갔다. 이징옥은 그것을 억지로 말리지 아니하였다. 뒤에 이징옥이 영남절도사가 되니, 그 부인은 벌써 남에게 시집간 지 오래되었다. 이징옥이 여러 고을을 합하여 크게 사냥하고, 그녀의 뒷남편 집 앞에서 많이 잡고 적게 잡은 것을 검사하여 보고, 뒷남편 되는 사람을 불러 사냥하여 잡은 새와 짐승 수백 마리를 모두 주었다.[66]

이징옥의 아내가 자신의 성적 욕망을 충족하기 위해 또 다른 남자를 찾아 떠나자, 이징옥이 나중에 그에 대해 복수했다는 것입니다. 이징옥은 아내와의 이혼에 대해 겉으로는 별로 개의치 않고 뒷남편에 대해서도 질투심을 느끼긴 하지만, 어쨌든 인정해주고 있습니다.

또한 조선 전기엔 여자의 삼가(三嫁)는 '자녀안'에 기록되어 규제를 받았지만, 재가는 크게 문제시되지 않았습니다. 왕들인 태조나 태종도 이미 결혼 경험이 있는 여자를 후궁으로 맞이했고, 심지어 태조는 다음과 같이 아들이 있는 유 씨를 후궁으로 삼기도 했습니다.[67]

유 씨를 후궁으로 맞아들이었다. 유 씨는 임금이 아직 왕위에 오르기 전의 첩으로, 대사헌 조박의 친척 누이이다. 일찍이 다른 사람에게 시집가서 이름이 '불노'라는 아들이 있었으며, 죽주(안성)에 살고 있었다. 이때에 와서 조박이 임금에게 아뢰니, 임금이 유 씨와 아들을 맞이하여 그 집에 두었다가 장비를 갖추어 궐내에 들어오게 하고서, 그녀를 책봉하여 가의옹주로 삼고, 그 아들을 일컬어 원자라 하였다.[68]

조선 전기 여성들은 혼외연애, 즉 간통에도 적극적이었습니다. 앞에서부터 계속 보아왔듯이, 원시 시대부터 여성들은 남편 이외에 별도로 성적 상대(애인)인 샛서방을 두고서 자신의 성적 만족을 추구했습니다. 지금까지는 거의 알려지지 않았지만 당시 남성들이 성적 만족을 위해 첩을 두고 있었다면, 여성들은 바로 샛서방을 두고 있었던 것입니다. 샛서방의 존재에 대해선 속담이나 노래(시조, 사설시조, 민요), 성소화, 야담, 소설, 법전, 풍속화 등 곳곳에서 찾아볼 수 있는데, 여기에선 대표적으로 18세기 부목자(필명)가 편찬한 성소화집 『파수록』에 등장하는 샛서방의 존재를 살펴보도록 하겠습니다.

> 어리석은 남편과 교활한 처가 있었다. 처는 오래전부터 옆집 사내와 간통을 하고 있었다. 하루는 어리석은 남편과 교활한 처가 산에 있는 밭에서 함께 김을 매고 있는데, 옆집 사내가 오쟁이(짚으로 만든 곡식을 담는 섬)를 짊어지고 밭머리에 서서 그 남편에게 말했다.
> "아무리 제 마누라기로서니 어찌 밭 한가운데서 방사(성교)를 한단 말인가?"
> 남편이 깜짝 놀라,
> "그런 적이 없는데, 대체 무슨 소린가?"
> 라고 했더니, 사내가 말하였다.
> "믿지 못하겠거든 내가 자네 대신 밭에서 김을 맬 테니, 자네는 오쟁이를 지고 여기 서서 정말 그런지 안 그런지 한번 보게나."
> 남편이 그 말대로 오쟁이를 짊어지고 서자, 사내가 그의 아내를 간통했다. 그러자 남편은 웃으면서 말했다.
> "자네 말대로구먼."
> 이 때문에 남에게 자기 처를 빼앗기는 걸 보고 '오쟁이를 짊어진다'고 하는 속담이 생겨나게 되었다.[69]

조선 시대 여성들은 이렇게 남편 이외에 별도로 샛서방을 두고 성적 만족을 추구했습니다. 또 그렇게 해서 자기 아내를 남에게 빼앗긴 사람을 '오쟁이 진 남자'라고 했습니다. 이 샛서방의 존재에 대해선 나중에 '매 맞는 남자들'과 함께 별도의 저서로 집필할 예정입니다.

여성들의 거침없는 간통 행각

조선 전기 여성들은 간통사건도 자주 일으켰으며, 그것이 하나의 사회적 풍속을 이룰 정도였습니다. 실제로 『조선왕조실록』을 보면 유독 조선 전기에 여성들의 간통사건이 많이 일어났는데, 그 과정을 보면 당사자는 물론 판결을 맡은 임금조차 간통을 별로 대수롭지 않게 여기고 있었습니다.[70] 현대의 우리가 불륜이나 간통에 대해 극도로 부정적인 인식이나 태도를 갖고 있는 것과 비교해보면 정말 천지 차이라고 해도 과언이 아닙니다. 그럼 조선 전기 여성들의 간통사건이 얼마나 흔했는지 대표적인 사례들을 중심으로 살펴보도록 하겠습니다.

변계량의 누이 및 조카의 간통사건

먼저 정종·태종대에 있었던 변계량의 누이 및 조카의 간통사건입니다. 변계량(1369~1430)은 정몽주의 제자로, 태조에서 세종대까지 20여 년 동안 대제학을 지낸 조선 최고의 문장가였습니다. 문학에도 조예가 깊어 조선 건국을 찬양한 경기체가 〈화산별곡〉과 시조 〈내해 좋다 하고 남 싫은 일 하지 말며〉라는 시조를 짓기도 했습니다. 하지만 그런 변계량도 손위 누이 변 씨의 간통과 무고, 그녀의 딸 소비의 간통 때문에 무척 애를 먹었습니다. 다음 내용은 정종실록 1년(1399) 8월 19일의 기사를 토대로 한 것입니다.

변계량의 손위 누이 변 씨는 처음에 박충언과 결혼했으나, 남편의 종 포대와 사안 형제를 샛서방으로 두고 계속 간통했습니다. 이후 박충언이 죽자, 변계량은 누이의 처지가 안타까워 박원길이라는 남자에게 재가하도록 해주었습니다. 그럼에도 변 씨는 종 포대·사안 형제와 헤어지지 않고 계속 간통했는데, 결국 박원길이 이를 알게 됩니다. 누이 변 씨는 두려워하며 아우 변계량에게 말했습니다.

"내 남편이 성질이 사나워서 더불어 해로하기가 어렵겠다."

변계량이 아무런 대답도 하지 않자, 변 씨는 동생조차 미워하며 종 포대와 더불어 모의한 뒤 다시 정안공(태종 이방원)을 모시는 김귀천을 노비 4구로 매수하여 정안공에게 고발했습니다.

"지금 박원길과 변계량이 이양몽, 이양중과 더불어 몰래 난을 일으키려고 합니다. 일이 장차 터질 것인데, 왜 일찍 도모하지 않습니까?"

정안공이 임금에게 아뢰니, 정종 임금이 대장군 심귀령을 시켜 박원길을 잡아들여 국문하게 했습니다. 박원길은 "결코 그런 일이 없습니다"라고 말했습니다. 하지만 박원길과 종 사안은 모두 곤장을 맞고 죽었습니다. 그러자 결국 종 포대가 이실직고했습니다.

"우리 형제가 주인마님과 더불어 사통했는데, 박원길이 그 일을 알게 되므로 거짓말을 꾸며 사지(死地)에 빠뜨리고자 한 것이요 실상은 그런 일이 없었습니다."

이에 임금이 변 씨와 포대를 주살하게 했습니다.

그로부터 10년 뒤인 태종 10년(1410) 6월 13일, 변 씨의 딸 소비 역시 음란하고 방종하기가 그 어미와 같았습니다. 밀양 사람 구의덕에게 시집갔는데, 별군 김인덕을 샛서방으로 두고 간통했습니다. 그럼에도 구의덕은 아무런 제재도 하지 못하는 '오쟁이 진 남자'가 되고 말았습니다. 이에 변계량이 더럽게 여기고 일가 사람 양승지를 시켜 때리고 집안에 가두었더니, 소비가 스스로 목을 매어 죽었습니다.

김인찬의 처 이 씨의 간통 폭로

정종 1년(1399) 6월 15일, 김인찬의 처 이 씨의 폭로로 여러 여인의 간통사건이 폭로되었습니다.

먼저 고(故) 참찬문하부사 김인찬의 처 이 씨는 곽충보와 간통하다가 발각되어 감옥에 갇히게 되었습니다. 곽충보는 본래 양인 출신으로 국은을 입어 벼슬이 중추부에 이르렀으나 양가의 여자를 협박하여 첩으로 삼거나 간통하는 등 세간의 평판이 좋지 않았습니다. 그는 김인찬의 처 이 씨와는 친척이라고 일컫고 왕래하면서 간통했다고 합니다.

그런데 이 씨의 간통 행각은 이번만이 아니었습니다. 처음에 이 씨는 강세손과 결혼했는데, 그때도 종질 강대평·강승평 형제와 간통한 적이 있었습니다. 즉, 이 씨는 첫 번째 남편과 두 번째 남편 이외에도 곽충보, 강대평·강승평 형제 등 여러 남자를 샛서방으로 두고 간통했던 것입니다.

곽충보와의 간통이 발각되어 사헌부의 옥에 갇힌 이 씨는 "왜 나만 갖고 그러냐"며 다른 여자들의 간통도 모두 폭로해버립니다.

"실행한 여자가 나뿐만이 아니고, 검교중추원부사 이원경의 처 권 씨도 나와 같았습니다."

이 때문에 권 씨도 붙잡혀 감옥에 갇히게 되었습니다. 원래 이원경의 처 권 씨는 처음엔 안전이라는 남자에게 시집갔다가 다시 안소에게 재가했고, 또다시 이원경에게 삼가를 한 여자였습니다. 그것도 모자라 중 지경·상문 등과도 간통했습니다. 이에 사헌부에서는 권 씨와 지경에게 각각 곤장 90대를 치고, 지경을 수군에 편입시켰습니다.

그뿐만 아니라 김인찬의 처 이 씨는 고(故) 찬성사 정희계의 처 신 씨, 중추 조화의 처 김 씨 등 몇몇 부인의 간통도 폭로해버리는데, 이에 임금은 신 씨를 백주에, 김 씨를 금주에 각각 귀양보내도록 합니다.

이들의 간통사건을 통해 우리는 조선 전기 여성들의 다자간 연애와 일시적 관계라는 성풍속을 충분히 파악할 수 있습니다.

조화의 처 김 씨의 간통과 재혼

조화의 처 김 씨는 바로 위에서 설명한 것처럼 정종 1년(1399) 6월 15일 김인찬의 처 이 씨의 폭로에 의해 간통이 발각되어 금주로 귀양간 여인입니다. 하지만 실록에서 그녀의 존재는 이후로 더욱 부각됩니다.

그녀의 남편 조화는 개국공신 조준의 조카로 명문가의 자식이었습니다. 김 씨 역시 조선 건국의 핵심 세력이었던 김주의 딸로 아름답지만 음란했다고 합니다.[71]

일찍이 조화가 김 씨의 어머니, 즉 장모와 간통하자, 김 씨가 이를 알고 '허해'라는 남자와 간통해버립니다. 사위와 장모가 어떻게 간통할 수 있었냐고요? 이때는 사위가 장가가서 처가에서 사는 '처가살이 시대'였기 때문에 장모와의 간통이 얼마든지 가능했습니다. 이에 김 씨는 앙심을 품고 허해를 샛서방으로 들여 맞바람을 피웠던 듯합니다.

조화는 처가살이를 하면서도 밖에다 첩도 두고 있었던 듯합니다. 하루는 조화가 첩의 집에서 외박했는데, 김 씨도 허해를 집으로 끌어들여 함께 잤습니다. 그런데 허해가 옷을 벗어 조화의 옷걸이에 걸어놓았다가, 돌아갈 때 잘못하여 조화의 옷을 입고 가버렸습니다. 다음 날 새벽에 조화가 안방에 들어와서 옷을 꺼내어 입었으나 몸에 맞지 않으므로 드디어 아내의 간통을 알고 힐문했습니다. 이에 김 씨가 대답했습니다.

"어젯밤에 허해가 와서 잠을 잤는데 옷을 잘못 입고 갔습니다."

조화가 노하여 꾸짖자, 김 씨가 다시 말했습니다.

"당신은 하는 짓이 그와 같으면서 어찌 나를 허물하는가? 당신이 만약 이 말을 퍼뜨리면, '당신이 먼저 수레에 오른 뒤 나도 수레에 올랐다'고 말하겠소."

한마디로 자신은 맞바람을 피웠을 뿐이라는 것입니다. 조화는 김 씨에게 침을 뱉었습니다.

이후로 김 씨는 방사(성교)에 더욱 거리낌이 없어서 집안의 종 박송과도 간통하므로 조화가 이를 붙잡아 훈계했습니다. 조화는 아내의 간통을 계속 눈으로 보고도 어찌할 수 없는 그야말로 '오쟁이 진 남자'가 되어버렸습니다.[72]

태종 15년(1415) 조화가 먼저 죽자 김 씨는 57세의 나이로 영돈녕부사 이지(李枝: 1349~1427)와 재혼했습니다. 그처럼 성적으로 문란하고 나이 많은 김 씨와 재혼하는 걸 보면, 이지는 아주 한심하고 볼품없는 사람처럼 느껴질 것입니다. 그러나 세종실록 9년(1427) 1월 3일조에 실려있는 이지의 졸기를 보면, 그는 태조 이성계가 양아들처럼 총애하던 사촌동생이었고, 무예가 출중했으며, 태종 때는 우의정과 영의정까지 지낸 거물급 관료였습니다.[73]

이지와 김 씨는 재혼하기 전부터 간통하며 나중에 서로 부부가 되기로 약속했다고 합니다. 실제로 혼인날 저녁 김 씨의 아들과 며느리가 문을 닫고 들여 보내주지 않으므로 이지가 이렇게 말했습니다.

"내가 이곳에 온 것이 한두 번이 아닌데, 너희들이 어찌 이와 같이 하느냐?"[74]

이지와 김 씨의 재혼은 여러 사람의 반대 속에서 이루어졌고, 심지어 김 씨의 아들들조차 모르게 진행된 것이었습니다.

결국 이들의 부부관계는 12년 만에 비극으로 끝나고 맙니다. 세종 9년(1427) 1월 3일, 이지가 부모의 제사를 지내러 절에 갔다가 아내 김 씨에 의해 갑자기 죽게 된 것입니다.

소문에 의하면 함께 갔던 김 씨가 밤에 중과 간통했는데, 이지가 현장에서 그들을 붙잡아 꾸짖고 구타하자, 김 씨가 이지의 고환을 잡아당겨 죽였다고 했습니다. 또 이지의 전처소생 아들이 이 사실을 형조에 알리려고 하니, 김 씨가 천치처럼 발광하여 겨우 넘어갔다고 합니다.[75]

그해 8월 신하들은 김 씨의 음란한 행적을 들추며 처벌해야 한다고 계속 주장하지만, 세종은 "공신의 아내가 죄를 범하여도 남편의 공으로 죄를 면하게 된 사람이 있으니, 김 씨가 이미 이지의 아내가 되어 종실의 반열에 있었으니 역시 죄를 주는 것은 부당하다"라고 하면서 윤허하지 않았고, 다만 그 아들의 관직만 파면하도록 했습니다.[76] 세종은 성 스캔들에 대해 매우 관대한 왕이었던 것입니다.

이순지의 딸과 양성인 사방지의 열애

세조대의 대표적인 사례로는 이순지의 딸 이 씨와 양성인 사방지의 간통사건을 들 수 있습니다. 이순지(?~1465)는 세조 때의 문신으로 천문학의 대가였습니다. 그의 딸 이 씨는 김귀식과 결혼했으나 일찍 과부가 되었습니다. 그런데 이 씨가 일가친척의 종 사방지와 간통한 것이 여러 해가 되었다는 추문이 돌았습니다. 당시 양반 여인과 종의 간통은 풍속을 해치고 신분질서를 어지럽힌다는 죄목으로 참형에 처해졌습니다. 게다가 사방지는 머리 모양과 옷 입는 모습은 여자였지만 그 생김새와 음경, 음낭은 남자였으며, 다만 정액이 나오는 길이 음경의 귀두 아래에 있는 것이 여느 사람과 조금 다를 뿐이었습니다. 한마디로 사방지는 남녀의 성을 함께 갖고 있는 양성인이었던 것입니다.

세조 8년(1462) 4월 27일, 신하들이 이 사실을 아뢰며 사방지를 의금부에 가두고 국문하기를 요청했지만, 세조는 대신인 이순지의 집안에서 일어났고 간통의 증거가 확실하지 않다는 이유로 이순지에게 사방지를 직접 처리하도록 합니다. 하지만 이순지는 그를 제대로 처벌하지 않고 그냥 넘어갑니다.

몇 년 뒤 아버지 이순지가 죽자, 이 씨는 또다시 사방지와 간통했는데 그 소문이 온 나라에 퍼질 정도였습니다. 이에 세조 13년(1467) 4월 5일 임금은 사방지를 자세히 조사한 후 지방의 관노로 소속시키도록 합니다.[77] 이순지처럼 세조도 이 씨의 간통사건에 대해서는 별다른 처벌을 하지 않았습니다.

조선의 자유부인 유감동

세종대엔 양반사대부 여성들의 간통사건이 자주 발생하여 조정에서 골머리를 썩었습니다. 여기에는 간통사건에 대한 세종의 관대한 처벌도 한몫했습니다. 실록에 올라와 있는 유명한 간통사건의 여성 인물만 해도 유감동, 금동, 연생, 동자, 어리가, 김종산 등 6명을 들 수 있습니다. 이들 가운데 대표적으로 유감동, 어리가에 대해서만 간략히 살

퍼보도록 하겠습니다.

세종 9년(1427) 8월 17일 임금이 왕명의 출납을 맡은 관직인 대언에게 묻습니다.

"사헌부에서 음부 유감동을 가두었다는데, 간부는 몇이나 되며, 본남편은 누구인가? 권문세족 집안의 여자인가?"

이에 좌대언 김자가 대답합니다.

"간부는 이승, 황치신, 전수생, 김여달, 이돈 등과 같은 사람이고, 기타 몰래 간통한 사람은 이루 다 기록할 수 없사오며, 본남편은 지금 평강현감 최중기입니다. 최중기가 무안군수가 되었을 때 아내를 거느리고 가서 부임했는데, 이 여자가 병을 핑계하고 먼저 서울에 와서는 음란한 행실을 마구 하므로 최중기가 그를 버렸습니다. 그 아비는 검한성 유귀수이니 모두 사족입니다."

유감동은 대체 언제, 어떻게 해서 수많은 남성과 간통하게 되었을까요? 실록에 의하면 김여달이라는 무뢰배에게 강간을 당한 뒤로부터 그렇게 되었다고 합니다. 다음은 세종 9년(1427) 9월 29일조 실록기사의 일부분입니다.

"유감동 여인의 추악함도 처음에는 이렇게까지 심하지 않았는데, 김여달에게 강포한 짓을 당하여 이렇게 된 것입니다. 이전에도 부녀들이 강포한 자에게 몸을 더럽힌 사람이 간혹 있었지만 모두 시정과 민간의 미천한 무리뿐이었는데, 지금 김여달은 어두운 밤을 타서 무뢰배와 결당하여 거리와 마을을 휩쓸고 다니다가, 유감동 여인을 만나그가 양반사대부의 아내인 줄을 알면서도 순찰을 핑계하고는 위협과 공갈을 가하여 구석진 곳으로 끌고 가서 밤새도록 희롱했으니, 이것을 보더라도 유감동이 처음에는 순종하지 않는 것을 강제로 포학한 짓을 행한 것이 명백하니, 어찌 미천한 무리들이 간통한 것처럼 가볍게 논죄할 수 있겠습니까."[78]

이후로도 김여달은 유감동의 집에까지 드나들면서 거리낌 없이 간통했습니다. 유감동은 남편 최중기와 같이 살 때도 김여달과 간통했는데, 한번은 남편과 함께 잠을 자다가 소변을 본다고 핑계 대고 김여달에게 도망갔다가 돌아오기도 했습니다. 다시 말해 유감동은 처음엔 김여달에게 강간을 당했을지 모르지만, 이후론 그를 샛서방으로 두고 함께 간통했던 것입니다. 인용문의 마지막 부분에서 김여달은 유감동을 밤새도록 희롱했다고 했는데, 아마 그도 성적인 능력이 매우 뛰어났던 듯합니다.

유감동은 남편과 이혼한 후 거짓으로 '창기(기생)'라 칭하고는 서울과 지방을 돌아다니며 밤낮을 가리지 않고 본격적으로 많은 남자를 상대했습니다. 그녀 역시 여러 명의 남자와 상대하는 다자간 연애와 일시적 관계를 맺었던 것입니다.

사헌부의 조사 결과 그녀가 상대한 남자들은 최소 39명이나 되었는데, 그야말로 각계각층의 남자들이 망라되어 있었습니다. 총제 정효문, 상호군 이효량, 해주판관 오안로, 전(前) 도사 이곡 등의 양반사대부를 비롯해서 장연, 첨절제사, 사직, 부사직, 찰방 등의 중간관리들, 공장, 수정장, 안자장, 은장도 등의 수공업 기술자도 있었습니다. 심지어 그들 가운데 이효량은 유감동의 남편 최중기의 매형이었고, 이승과 이돈은 부자지간이었으며, 이곡과 최문수는 장인과 사위인 옹서지간이었습니다.[79]

이처럼 온 나라를 떠들썩하게 한 간통사건이었음에도 그들에 대한 처벌은 비교적 가벼웠습니다. 유감동과 관계한 남자들은 곤장 40 대에서 80대까지 차등 있게 맞은 뒤 얼마 안 있어 모두 복권되었습니다. 당사자인 유감동도 김여달에게 강간을 당한 뒤 자포자기한 상태에서 창기로 변해 몸을 함부로 놀린 것이라 하여 극형에 처하는 대신 변방 고을의 관기로 삼도록 했습니다. 김여달도 곤장 100대에 유배 3천 리의 형벌을 받았습니다. 신하들이 더욱 무거운 형벌을 내려야 한다고 상소했으나, 세종은 끝내 윤허하지 않았습니다.

어리가 자매의 혼교

세종 9년에 있었던 유감동 간통사건의 충격이 채 가시기도 전인 세종 15년(1433) 11월에 또다시 어리가의 간통사건이 터졌습니다. 게다가 이 사건은 자매가 혼교를 해서 더욱 충격이 컸습니다.

어리가는 병조참판 이춘생의 딸이자 별시위 이진문의 아내였습니다. 다시 말해 재상가의 딸이자 서울에서 근무하는 장교의 아내였던 것입니다.

어리가는 그런 신분에도 아랑곳하지 않고 평상복을 입고 다니며 이의산, 허파회 등과 간통했습니다. 당시 실록의 기사를 직접 읽어 보겠습니다.

> 의금부에서 아뢰기를
> "어리가는 양반의 집 부녀로서 평상복을 착용하고 거리와 마을로 드나들면서 함부로 음란한 행동을 하매, 이의산은 그를 유인하여 간통했고, 허파회는 비첩 소생인 자로서 담을 사이에 두고 친근하게 희롱하면서 여

러 달 동안 간통했습니다. 이러한 방자하고 제멋대로 추행한 사람들을 만약 보통 사람의 간통죄와 같이 처리한다면 후세를 경계할 길이 없사오니, 법률에 의거하여 곤장형을 집행한 뒤에 먼 지방으로 내쫓으소서."

하니, 임금이 그대로 따르되 다만 이의산은 직첩만을 회수한 뒤에 먼 곳으로 내쫓도록 하였다.[80]

그뿐만이 아니었습니다. 어리가는 이의산의 친척인 '문사'라는 남자와도 간통했는데, 문사는 어리가의 동생인 정거효의 아내와도 성관계를 맺었습니다. 그들은 한 방에서 서로 짝을 바꾸어 성관계를 했던 것입니다.

문사가 어리가의 동생 정거효의 아내를 간통하고자 하여 그 집에 왕래한 정황과 증거가 이미 의금부의 심문에서 드러났습니다. 신 등은 말합니다. 문사는 이의산의 일족입니다. 그리고 한 동네에 살고 있습니다. 정거효의 아내는 어리가의 동생입니다. 그리하여 매번 서로 찾아다니며 놀았으니, 그들이 무리를 지어 음행한 죄악은 명백한 것으로서, 간음했다고 지칭하는 것에 비교할 바가 아닙니다.[81]

이처럼 어리가 자매와 이의산, 문사 등 네 사람은 한 동네에 살면서 무리를 지어 서로 상대를 교환해가며 성관계를 즐기는 혼교를 했습니다.

그럼에도 세종은 어리가와 그 간통한 남자들의 처벌에 한없이 관대하기만 했습니다. 그들에게 단지 곤장을 쳐서 시골로 내쫓으려고만 했던 것입니다. 신하들은 계속 상소를 올려 그들을 극형에 처하도록 요구했습니다. 임금이 관대한 법으로 간통죄를 처리하니, 유감동이나

신윤복, 〈여속도첩〉
국립중앙박물관 소장

금동, 연생, 동자 같은 사회적 물의를 일으킬 정도로 심각한 간통사건
이 계속 일어난다는 것입니다. 하지만 세종은 끝내 윤허하지 않고, 어
리가와 이의산은 기장으로 유배 보내고, 허파회는 북방의 군사로 보냈
으며, 문사는 동래로 내쫓았을 뿐이었습니다.[82] 세종은 인간의 기본적
인 본능인 성욕을 법으로 억누른다고 해서 간통사건이 줄어들지는 않
는다는 것을 알았기 때문입니다.

정학비와 어미 공 씨의 간통사건

성종대에도 세상을 떠들썩하게 한 간통사건이 두 건이나 일어났습니다. 진주에 사는 정학비라는 여인과 그 어미 공 씨, 그 유명한 서울에서 있었던 어우동 간통사건이 바로 그것입니다. 어우동에 대해선 뒤에서 자세히 살펴보기로 하고, 여기에서는 정학비와 공 씨 모녀의 간통사건에 대해서만 살펴보기로 하겠습니다.

성종 20년(1489) 6월 28일, 사헌부 지평 권빈이 임금에게 이렇게 아룁니다.

> 권빈이 또 아뢰기를,
> "신 등이 소문을 듣건대 진주 사람으로 무과에 합격한 정은부가 군관으로서 영안도(함경도)에 파견되어 근무하였는데 그 아내가 정은부의 사촌 동생과 간통하였으니 바로 하맹저의 아들입니다. 정은부가 파견 근무를 마치고 집에 돌아와서 간통한 사실을 살피고는 아내를 내쳤는데, 아내가 계속 간통하였다고 합니다. 또 듣건대 그 여자의 어미도 남편의 이성(異姓) 삼촌 조카 정윤례와 간통하였다고 합니다. 만약 의금부에서 심문하면 실정을 알아내지 못할 듯하니, 사헌부 감찰을 보내어 심문하는 것이 어떠하겠습니까?"
> 하니, 전교하기를,
> "가하다."
> 하였다.[83]

군관 정은부가 변방에 근무하러 갔을 때 아내 정학비가 사촌 동생과 간통했는데, 정은부가 돌아와 직접 목격하고 내쫓았는데도 계속 간통했다는 것입니다. 또한 그녀의 어미도 삼촌 조카 정윤례와 간통했다는 소문이 있으니 조사를 허락해달라고 합니다. 두 여자 모두 근친상간을 하고 있는데, 조선 시대 근친상간에 대한 의식이 어떠했는지 잘 보여줍니다.

　다음 달 7월 25일까지 한 달여간 사헌부에서 사건을 조사해서 임금에게 보고합니다. 정학비는 간통 사실에 승복했으나, 어미 공 씨는 '이웃 사람들이 의심한다'는 소문만 있을 뿐 별다른 증거가 나오지 않았습니다. 임금은 처음엔 이미 10여 년이나 지나 밝히기 어렵다고 하면서 더 이상 추문하지 말도록 합니다. 하지만 신하들이 마을 안에서 떠들썩하게 말하는 일을 추문하지 않을 순 없다고 말하면서 계속 우기자, 임금도 어쩔 수 없이 의금부에서 잡아다가 추문하도록 합니다. 사관은 이 기사의 말미에 다음과 같이 공 씨와 정학비 모녀의 간통 모습에 대해 비교적 자세히 기록해놓습니다.

> 사신이 논하기를 "처음에 공 씨가 지아비를 잃고 무당을 맞이하여 신에게 제사를 지냈는데, 삼촌 조카 정윤례가 그 일을 주관하며 밤을 기다려 그 무당과 간음하였다. 공 씨가 밖에서 이를 엿보고 자못 마음이 동하여, 마침내 정윤례와 더불어 정을 통하였다.
>
> 그녀의 사위 정은부는 변방에서 수자리를 살고 처 정 씨는 친정에서 어미와 함께 살고 있었는데, 공 씨가 친척 조카인 하치성을 데리고 딸의 침방에 들어가서 말하기를, '소녀가 혼자 자니 어찌 가위눌리지 않겠는가?' 하였다.
>
> 이윽고 정은부가 변방에서 돌아와 먼저 부모를 찾아뵙고, 곧 그 처를 생각하고 말하기를 '어떻게 침식을 하느냐?'고 하였다. 그 아우가 곁에서 슬며시 웃으면서 말하기를 '형만이 홀로 생각할 뿐입니다. 찾아가 보면 잘 알 수 있을 것입니다' 하였다. 정은부가 그 말을 이상하게

여기고 다그쳐 물으니, 다만 '빨리 돌아가 보라'고 할 뿐이었다.

정은부가 즉시 밤으로 달려가서 곧바로 침실로 들어갔는데, 그 처가 하치성과 함께 누워 있는 것을 보고는 칼을 뽑아 두 사람의 머리털을 잘랐다. 장모 공 씨가 이를 듣고 와서 말하기를 '어린 남녀가 장난을 하였을 뿐인데, 어찌 갑작스럽게 머리털을 잘랐는가?' 하였다.

일이 발각되자 법에 따라 처치하여, 처 정 씨를 떼어 놓아 압록강 변의 강계부에 유배하였다. 뒤에 정은부가 종군하여 그 부에서 수자리를 살았는데, 정 씨가 명주옷을 보내어 만나보기를 청하였으나 그가 이를 물리쳤다."

하였다.[84]

사관은 먼저 어미 공 씨와 정윤례의 간통사건부터 좀 더 상세히 기록해놓습니다. 그러고는 딸 정학비와 하치성의 간통 사실을 기록하는데, 그들의 간통도 사실은 어미 공 씨의 주선으로 이루어졌다는 것입니다. 심지어 사위 정은부가 두 사람의 머리털을 잘라 간통 증거를 채취하자, 공 씨는 "어린아이들의 장난을 가지고 뭘 그렇게까지 유난을 떠느냐?"며 별로 대수롭지 않게 말합니다. 조선 전기 사람들의 혼외연애, 즉 간통에 대한 성의식이 어떠했는지를 잘 보여주고 있습니다.

결국 정학비는 압록강 변의 강계부로 유배되었습니다. 훗날 정은부가 그곳에서 근무하게 되었는데, 정학비가 명주옷을 보내며 만나기를 바랐지만 이를 물리쳤다고 합니다. 어미 공 씨도 얼마 지나지 않은 성종 20년(1498) 8월 17일에 갑자기 죽었다고 하는데, 이로써 그녀의 간통사건도 유야무야되고 맙니다.

6장
조선 시대 서민층의 성문화

박의훤의 분급문기로 본 양인층의 성문화

조선 전기 유교적 성윤리는 인구의 10% 정도인 양반층, 그것도 절반인 5%의 여성들에게만 해당되었습니다. 나머지 90%의 양인이나 노비층은 애초부터 유교적 성윤리에 구애받지 않았습니다. 앞에서 살펴본 간통사건들도 양인이나 노비층 여성이었다면 아마 사회적으로 거론조차 되지 않았을 것입니다.

조선 전기 양인이나 노비층의 성문화는 훨씬 자유분방했으며, 결혼과 가족 형태도 대단히 유동적이었습니다. 양인이나 노비층은 경제적 문제로 혼인하는 것을 부담스러워했으며, 대부분 혼례식을 올리지 않고 사실혼 관계로 살다가 서로 마음이 맞지 않으면 헤어지기를 반복했습니다.

조선 전기 양인층의 성과 결혼 및 가족문화를 가장 잘 알려주는 자료는 약간 후대이기는 하지만, 1602년 박의훤의 분급문기를 들 수 있습니다. 양인 박의훤이 늘그막에 5명의 생존한 자식과 2명의 죽은 자식에게 재산을 나누어주면서 작성한 상속문서입니다. 당시 박의훤은 노비 7명, 논 172마지기, 밭 51마지기라는 적지 않은 재산을 자식들에게 물려주었습니다.

현재 해남 윤씨가에서 소장하고 있는 이 자료는 특이하게도 그러한 재산상속 내역뿐만 아니라 평생 동안의 처와 자식들 소개, 그 처를 만나게 된 계기와 헤어진 이유, 전처들의 남성 편력까지 상세히 기록하고 있습니다. 여타 분재기와 달리 한 부부의 성과 인생 역정까지 진솔하게 담고 있습니다.

그가 이렇게까지 분재기를 자세히 기록한 이유는 자신과 40년 동안 같이 살았던 다섯 번째 처 여배의 두 아들에게 재산을 올바르게 물려주기 위해서였습니다. 다섯 번째 아내가 낳은 자식이 아직 어리기 때문에 재산을 제대로 물려받지 못할 것을 대비하여 이전 부인들의 나쁜 행실을 하나하나 자세히 기록해놓은 것입니다.

그럼 박의훤의 분급문기 중 당시 양인층의 성문화를 잘 보여주는 앞부분의 내용을 함께 살펴보기로 하겠습니다.

만력 30년(1602, 선조 35) 임인 3월 초10일, 5명의 처와 함께 낳은 생존 자식 5남매 및 죽은 아들 3형제에게 재산을 물려주는 명문.
이 명문을 만드는 것은 다음과 같다. 아비가 나이가 많고 병든 사람으로 오늘내일 생사를 알 수가 없어서 각각의 몫을 함께 논하여 주고자 하므로, 대저 5처 중에서 4처가 범한 것을 밝혀 기록한다.
본처 은화는 다른 남자 박언건을 잠간하여 남편으로 취하여 살다가 죽었다.
둘째 처 진대는 늙은 나를 따라와 살 때에 강상의 도리가 있는데도 종

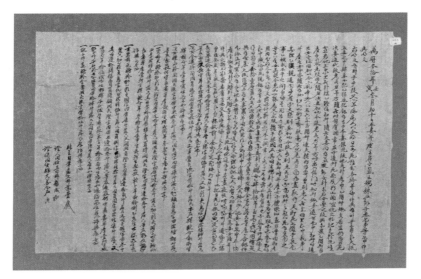

1602년 박의훤의 분급문기

과 통간하여 죽을죄를 저지를 정도로 실행하여 소문이 떠들썩해서 도
망하여 유리하다가, 영암 땅 옥천리에 사는 박식과 상간하여 따라가
살다가 부부가 그대로 죽었다.

셋째 처 몽지는 죽은 아들 박천석의 어미로, 홍천귀와 잠간하여 자식
을 많이 낳고 먼저 죽자 그 사람도 뒤따라 죽었다.

넷째 처 가질금은 늙은 내가 바야흐로 관가에 출입할 때에 화간하여
처로 삼고 멀리 읍내에 두었다. 이 가질금은 음란한 여인으로 5~6곳
에 잠간하며 남편을 교체하며 돌아다니다가 일찍이 나의 거처에서 작
별하고 같은 마을에서 나와 함께 낳은 딸 집에 가서 살았다. 그런데 어
떤 술수인가, 추호도 죄를 범하지 않은 나를 주야로 하늘을 우러러 즉
사하라고 손을 빌며 애걸하니, 그 이치를 족친이 모두 알고 있다. 대
개 헤어진 처 가질금이 영원히 헤어진 내게 다시 간통하는 죄를 짓지

않겠다고 죽음으로 애걸한 일을 피차간에 상관없는 사이이니 그 죄를 논하지 않을지라도, 이 여인과 상간하여 낳은 딸 예영은 내 몸의 골육으로 서로 낳은 딸로서 그 어미의 명령을 따른 것처럼 한결같이 이 노부를 죽으라고 역시 손을 모아 비는 이유를 모르겠다. 또한 그 남동생 박광립, 박천석이 함께 죽은 지 3일도 지나지 않아서 즉시 고기를 쓴 것을 함께 논하여 소장을 낼 생각을 하다가 적지 않은 강상의 큰 허물이라 소장을 내지 않았으니, 자식들에게 이 문서에 노비와 토지를 감하여 지급하라고 이를 기록해둔다.

다섯째 처 여배는 늙은 내가 끝까지 데리고 산 처이자 박대붕, 박원붕의 어미로, 40여 년이나 데리고 함께 살 때 매득한 전답이 모두 11섬지기, 또 차례로 부모로부터 전해 받아 응당 얻을 논이 모두 1섬지기, 밭이 모두 1섬지기 등의 곳을 모두 기록하고 물려준다.[85]

박의훤은 평생 동안 은화, 진대, 몽지, 가질금, 여배 등 5명의 여자와 결혼했고, 여기에는 나오지 않고 위 문서의 후반부에 나오긴 하지만 1녀 춘환, 2녀 금환, 3녀 예영, 1남 박대붕, 2남 박원붕, 죽은 아들 박천석, 박연붕 등 8명의 자식을 낳았습니다.

본처 은화는 박의훤과 혼인하여 잘 살다가 다른 남자인 박언건과 잠간(潛奸), 즉 몰래 간통하다가 그와 결합하여 살다가 죽었다고 합니다. 여기서 박언건은 은화의 샛서방이었고, 두 사람이 몰래 간통하다가 공개적으로 결합한 것에 대해 박의훤은 별다른 반응을 보이지 않았던 듯합니다. 다시 말해 조선 시대 양인층 부부는 같이 살다가 어느 한쪽이 싫으면 그냥 다른 사람을 만나 가서 살았던 것입니다.

둘째 처 진대는 박의훤을 따라와 혼인 절차도 없이 부부가 되어 살았습니다. 그러나 남편이 늙었다고 노비와 주인 간의 도리마저 저버

김홍도, 『단원풍속화첩』 중 〈우물가〉 국립중앙박물관 소장

리고 집안의 종과 몰래 간통했습니다. 그 소문이 마을에 떠들썩하게 퍼지자 도망가서 이리저리 떠돌아다녔는데, 도중에 영암의 '박식'이라는 남자를 만나 함께 살다가 죽었다고 합니다. 이로 볼 때 당시 양인들도 노비와 간통하는 것을 강상의 질서, 즉 신분 질서를 어그러뜨리는 큰 죄로 인식했음을 알 수 있습니다. 또한 이 사례에서는 양인 여성들의 자유로운 성의식을 잘 보여주는데, 그들은 어떤 남자가 좋으면 특별한 도덕이나 신분 의식 없이 성관계를 맺고, 싫으면 도망가서 또 다른 남자를 만나 재혼해서 살기도 했습니다. 이처럼 조선 시대 양인들에게 결혼과 이혼은 아주 단순하고도 명쾌했습니다. 두 사람이 서로 좋아서 붙어살면 결혼이요, 싫어서 어느 한쪽이 떠나면 이혼이었던 것입니다.

셋째 처 몽지는 박의훤과 함께 살며 아들 박천석을 낳았지만, 얼마 안 있어 자식을 잃고 말았습니다. 이후 몽지는 홍천귀라는 남자와 몰래 관계를 맺다가 아예 도망가서 부부가 되어 살았습니다. 두 사람은 금슬이 무척 좋았던 듯 자식도 많이 낳고, 여자가 먼저 세상을 떠나자 남자도 뒤따라 죽었다고 합니다. 몽지도 박의훤과 부부로 살면서 샛서방을 두었고, 그녀가 딴 남자를 만나 떠나가도 박의훤은 배신이니 어쩌니 하면서 분노하거나 폭력을 행사하지 않고 그저 무덤덤하게 받아들이고 있을 뿐입니다.

넷째 처 가질금은 앞의 세 여자와 다른 경우였습니다. 이번에는 박의훤이 관아에 출입할 때 그녀와 간통하여 딸 예영을 낳고 처로 삼아 읍내에 따로 두어 살게 했습니다. 양반과 달리 양인들은 일부일처제에 적용되지 않았기 때문인지 첩이 아닌 처로 표현하는 점이 특이합니다. 하지만 가질금은 근본이 음란한 여인으로 5~6명의 남자와 돌아가며 몰래 만나다가, 그들과 헤어지고 박의훤이 사는 마을의 딸 예영의 집으로 와서 살았습니다. 그런데 가질금은 도리어 박의훤이 다른 여자를 만난다고 원망하며 밤낮으로 하늘에 대고 그가 빨리 죽게 해달라고 저주를 퍼부었습니다. 더욱 놀라운 것은 두 사람이 함께 낳은 딸 예영도 자기 어미의 말을 듣고 늙은 아비가 죽게 해달라고 손을 모아 빌었다는 것입니다. 그래서 박의훤은 그 딸에겐 노비와 토지를 다른 자식들보다 적게 주도록 하라고 지시합니다.

다섯째 처 여배는 박의훤이 늙어 죽을 때까지 40여 년이나 함께 살았고, 박대붕·박원붕 두 아들을 낳았으며, 재산을 적잖이 증식시키기도 했습니다. 그래서 박의훤은 여배와 그 자식들에게 재산을 많이 상속해주고자 이러한 진솔하고 독특한 형식의 분재기를 작성했다는 것입니다.

이상과 같이 조선 시대 양인층도 남자나 여자 할 것 없이 다자간 연애와 일시적 관계를 주로 맺고 있었습니다. 이들의 남녀관계는 대단히 수평적이었으며, 박의훤의 경우만 보더라도 남편이 아내들을 버리는 경우보다 오히려 아내들이 먼저 남편을 떠나는 경우가 많았습니다. 다시 말해 양인층의 성은 여자가 주도했던 것입니다.

또한 양인층 여성들은 결혼 후에도 자유연애를 계속하고 있었습니다. 그녀들에게 간통, 즉 혼외연애는 거의 일상적이었습니다. 박의훤의 처 5명만 놓고 보더라도 둘째 처 진대와 넷째 처 가질금의 경우처럼 집안의 종이나 5~6명의 외간 남자와 일시적으로 몰래 간통하거나, 본처 은화와 셋째 처 몽지의 경우처럼 샛서방을 두고 지속적으로 간통하기도 했습니다. 양반 여성들과 달리 양인 여성들은 정절 의식에 크게 얽매이지 않았으며, 공식적인 혼인제도보다 개인 간의 육체적 관계를 더욱 중시했습니다.

재미있는 점은 그것들에 대한 박의훤의 반응입니다. 그는 은화, 진대, 몽지 등 아내들의 간통에 별다른 대응을 하지 않고 그냥 지켜볼 뿐이었습니다. 그가 할 수 있는 건 고작 떠나간 여자들을 마음속으로 원망하거나, 나중에 그 소생 자식들에게 재산을 조금 덜 주는 방법밖에 없었습니다. 한마디로 박의훤도 '오쟁이 진 남자'였던 것입니다. 이는 당시 양인 여성들의 간통이 아주 일반적인 행위였기 때문인 것으로 추정됩니다.[86]

『묵재일기』로 본 노비층의 성문화

조선 전기 노비층의 성문화에 관한 자료도 양인층처럼 빈약한 형편입니다. 주로 일기나 편지, 야사에 조금씩 흩어져 있는데, 그것들을 토대로 노비층의 성문화에 대해 개괄적으로 살펴보도록 하겠습니다.

우선 조선 전기 노비층은 인구의 절반가량을 차지했습니다. 실제로 성현의 『용재총화』를 보면, "우리나라 사람들은 노비가 인구의 반을 차지한 까닭으로 유명한 고을이나 큰 읍이라도 양인 군졸이 적다"[87]라고 기록하고 있습니다. 현대 연구자들도 조선 시대 노비 인구를 최소한 3~4할로 보고 있습니다.

노비는 토지와 함께 양반집의 2대 재산 품목으로서 주로 양반의 수족, 곧 노동력을 담당했습니다. 노비의 성이나 혼인 및 부부생활도 주인 양반의 태도나 처지에 의해 좌우되었습니다.

조선 전기 양반가 노비의 성문화에 대해서는 약간 후대인 16세기 『묵재일기』에 자세히 나타나 있습니다. 『묵재일기』는 묵재 이문건(1494~1567)이 41세에서 73세까지 32년에 걸쳐 쓴 일기로, 당시 양반 가정의 성생활과 성의식을 아주 풍부하고 구체적으로 보여주고 있습니다.

앞에서처럼 당시 양반 남성들은 여종이 혼인을 했건 안 했건 상관없이 조금만 틈을 보이면 그들의 성을 착취하고자 했습니다. 이러한 모습은 『묵재일기』에서도 고스란히 드러나는데, 대표적인 예로 어린 여종 향복을 두고 주인 양반들이 번갈아 가며 성을 착취하는 모습을 들 수 있습니다.

1552년 아내가 오랫동안 친정에 가 있는 탓에 이문건은 외롭고 적막한 나날을 보냅니다. 그래서 여종 향복을 데리고 희롱했더니, 하루는 향복의 어미 삼월이가 찾아와 놀리는 투로 항의했습니다. 이문건만이 아니라 그의 조카 이천택도 향복을 데리고 희롱하니, 앞으론 나이든 주인 이문건의 시중은 들 수 없겠다는 것입니다.

1552년 4월 6일. 여종 삼월이 어두워서 올라와 말하기를 "도련님(조카 이천택)이 향복을 희롱하므로 늙은 시중은 들 수가 없다"고 하니 우스웠다. 내가 근래에 무료하기 때문에 일상적인 희롱을 하였기 때문이라고 한다.[88]

이천택은 이문건의 형 이충건의 아들로, 이문건 밑에서 공부하고 있었습니다. 당시 나이는 14세였습니다.

다음 날 이문건은 향복을 불러 사실을 확인하고 깜짝 놀라 향복을 아랫집에 있는 그녀의 어미 곁으로 보내버립니다.

1552년 4월 7일. 아내가 다시 색을 멀리하라는 편지를 만들어서 종이를 준비하여 써서 보내니 가히 부지런하였다. 향복에게 물어보니 "도련님(이천택)이 과연 세 번을 범하였다"고 하므로 놀랍도다! 놀랍도다! 아랫집으로 내려가도록 하였으며, 항상 이곳에 있지 말도록 하였다.[89]

며칠 뒤 이문건은 조카 이천택을 불러 여색을 경계하라고 은근히 충고합니다. 본인의 호색에 대해선 눈감은 채 조카의 호색을 경계하는 당시 양반들의 이중성을 적나라하게 보여준다고 하겠습니다.

1552년 4월 10일. 노성과 수기 두 아이가 글공부를 했다. 노성(이천택)과 더불어 여색을 경계해야 한다는 뜻을 이야기했는데, 은근하게 했다. 노성이 비 향복을 희롱하고 세 차례나 범한 것 때문에 이를 경계하여 말해준 것이다.[90]

또한 양반들은 끊임없이 노비의 성을 통제했습니다. 먼저 양반들은 노비 수를 늘리기 위해 노비의 혼인에도 직접 관여했습니다. 당시 양반들이 노비 인구를 증가시키기 위해 주로 썼던 방법은 자신의 여종을 양인 신분의 남자와 혼인시키는 이른바 '양천교혼'이었습니다. 노비 종모법에 따라 여종이 양인 남자와 혼인해서 자식을 낳으면, 그 아이의 신분은 노비가 되고, 소유권은 여종의 주인에게 있었기 때문입니다.[91]

대표적인 예로 이문건의 여종 춘비는 집안의 심부름이나 식사, 유모 등을 담당했습니다. 그녀는 처음에 수손과 혼인하여 살았는데, 1551년 6월 수손이 갑작스레 죽었습니다. 그러자 이문건은 춘비를 방실이라는 남자와 함께 살도록 합니다. 춘비는 남편을 잃은 뒤로 얼굴, 목구멍, 젖가슴, 다리 등 온몸의 종기로 고생했는데, 이문건은 멀리 괴산에서 일하고 있는 방실을 불러 그녀의 병을 보살피며 함께 살라고 합니다. 방실은 처가 소유의 노비가 아닌 양인이자 비부였는데, 그를 계속 붙잡아두기 위해 춘비와 짝을 지어주었던 듯합니다.

하지만 춘비는 얼마 살지 못하고 그해 9월에 죽고 맙니다. 이문건은 어쩔 수 없이 방실에게 춘비를 전남편 수손의 묘가 있는 곳에 묻어주도록 합니다. 그러고는 다시 방실을 아이가 있지만 혼자 사는 자신의 또 다른 여종 눌질개의 남편이 되도록 합니다. 이문건은 그를 놓치고 싶지 않아 계속 여종들의 남편, 즉 비부로 만들어 붙잡아두려고 했던 것입니다.

이렇게 당시 양반들은 노비들의 혼인에도 직접 관여하며 그들의 성을 통제했고, 노비들은 주인의 지시에 따라 특별한 혼인 절차도 없이 부부가 되어 살았습니다.

한편, 노비층의 성풍속은 양인보다 더욱 유동적이었고, 결혼과

전(傳) 신윤복, 「풍속도첩」 중 〈영감님과 아가씨〉 국립중앙박물관 소장

가족 형태도 비공식적이고 불안정했습니다. 그들은 결혼 전이든 후든 상관없이 자유연애를 했고, 부부 가운데 어느 한쪽이 싫어해서 다른 사람과 간통하거나 도망을 가면 자동으로 이혼이었습니다. 이들 역시 다자간 연애와 일시적 관계를 맺고 있었던 것입니다. 이러한 노비층의 유동적인 성풍속은 이문건의 비 유덕이 잘 보여줍니다.

유덕은 성격이 드세고 거침이 없는 여종이었습니다. 1551년엔 유덕이 또 다른 여종인 온금과 함께 이웃집 아낙들을 꾸짖고 욕설을 퍼붓다가 이문건의 부인과 며느리에게 매를 맞은 적이 있었습니다. 또 불만이 있으면 자주 도망을 가곤 했는데, 1551년에도 유덕이 이웃집으로 도망가 숨어 있다가 이문건에게 붙잡혀 꾸짖음을 듣기도 했습니다.

그녀는 남자들과의 성관계에도 거침이 없었습니다. 그녀의 첫 번째 성적 상대는 귀손이라는 남자였습니다. 이문건의 『묵재일기』 기록을 직접 살펴보겠습니다.

> 1551년 1월 10일. 귀손에게 유덕과 관계했는지 여부를 물었더니, "같은 집 하인들이 저를 미워하여 까닭 없이 이런 말이 나왔으니, 제 마음이 여기 머물러 일하기에 편치 않습니다"라고 했다. 그래서 내가 그렇게 하지 말라고 꾸짖었다.[92]

이문건이 귀손에게 유덕과의 성관계 여부를 묻자, 귀손이 그것은 다른 하인들의 모함일 뿐이라고 하면서 발뺌하고 있습니다. 그러고는 만약 계속 그렇게 말한다면 다른 집으로 일하러 가겠다고 선포합니다. 귀손은 이문건의 노비가 아닌 비부처럼 고용된 일꾼이었던 것입니다.

이듬해인 1552년 유덕은 다시 거공이라는 노비와 살았던 듯합니다. 하루는 거공이 싫어 몰래 도망을 가버립니다.

> 1552년 3월 22일. 비 유덕이 아침에 도망가서 찾지 못하고 있는데, 거공이 싫어서 도망한 것 같다고 한다.[93]

이렇게 해서 거공과 헤어진 유덕은 정확히 언제인지는 알 수 없으나 귀손과 다시 살기 시작합니다. 아마 양천교혼을 시키고자 하는 주인 이문건의 강요로 부부가 되어 살았던 듯합니다.

하지만 얼마 지나지 않아 그녀는 후필이라는 유부남과 간통하며 귀손을 싫어합니다.

1553년 5월 26일. 비 유덕이 후필과 간통하고는 귀손을 싫어하여 나의 아내가 매 30대를 때렸다고 한다. 이에 후필의 처 억금이 기뻐하기를 멈추지 않는다고 한다.[94]

유덕이 억금의 남편 후필과 간통하며 귀손을 싫어하자, 그 상전인 이문건의 아내가 회초리로 때렸다는 것입니다. 이때 이문건은 후필도 집 밖으로 내쫓아버립니다.

유덕은 어쩔 수 없이 귀손과 계속 살게 되는데, 2년 후인 1555년에는 쌍둥이 딸을 낳습니다. 하지만 늙고 병든 유덕은 젖을 제대로 주지 못해 모두 잃고 맙니다.

이처럼 여종 유덕은 귀손, 거공, 후필 등 여러 남자와 다자간 연애와 일시적 관계를 맺으면서 매우 유동적으로 살아갔습니다. 조선 시대 여성들에게 강요했다는 정조나 일부종사 의식은 양인이나 노비층과는 별로 상관없는 그야말로 양반 여성들의 전유물이었던 것입니다.

2부

억압과 통제의 시대

조선은 유교 국가를 표방하며 성리학적 예교를 기반으로 이전의 문란
한 성문화를 바로잡고 사회질서를 수립하고자 했습니다. 그리하여 한
국의 성문화는 점차 억압과 통제의 방향으로 흘러갔고, 성의식도 본
능에서 도덕으로 대변화를 이루게 되었습니다. 다시 말해 성이 인간의
자연스러운 욕망에서 부끄러움과 숨김의 대상이 되어버린 것입니다.
그러한 도덕적 성의식은 오늘날까지 이어져서 한국인의 삶을 옥죄고
심각한 인구문제를 낳고 있습니다.

7장
조선 전·중기 성리학의 정착과 성관념의 대변화

선진유학의 자연스러운 성의식

동양 사회에서 성의식이 크게 바뀌게 된 것은 송나라 때 형성된 성리학 때문이라는 것이 학자들의 공통된 견해입니다. 마찬가지로 우리나라도 조선 중기에 성리학이 정착하면서 성의식이 본능에서 도덕으로 크게 바뀌었습니다.

고대 중국에서 성은 매우 중시되었고, 결코 비하되거나 신비화되지 않고 자연스러웠습니다. 당시 중국은 '음식 남녀'라는 말과 같이 식욕과 성욕을 인간의 가장 큰 욕망으로 간주하며 자유롭고 활달한 성관념을 갖고 있었습니다.[95]

선진 시대의 유학도 성욕이 인간의 본성임을 인정하며 결코 금욕을 강조하지 않았습니다. 그 유명한 공자도 금욕주의자인 도학자가 아니었습니다. 물론 『논어』에서 여색을 경계하라고 말하긴 했지만, 결코 여색을 부정하거나 도덕적으로 비난하지는 않았습니다. 또한 『논어』에서 내외법, 정절 같은 남녀 간의 예교에 대한 언급은 단 한마디도 나와 있지 않았습니다.

　『시경』에서는 아예 남녀 간의 자유연애를 옹호하고 있습니다. 『시경』은 공자에 의해 편찬되었다고 알려진 중국 최고의 시가집인데, 주나라 초기부터 춘추 시대 초기까지의 노래 가사 305편이 실려있습니다. 공자는 『논어』에서 『시경』을 자식은 물론 제자들에게 이상적 정치 지도자인 군자가 되기 위해 반드시 배워야 하는 것으로 누차 강조하고 있습니다. 즉, 『시경』은 군자가 되기 위한 필수 교양과목이었던 것입니다.[96]

　그런 『시경』에도 남녀 간의 자유연애를 소재로 한 애정시가 전체의 1/10인 무려 30여 편이나 실려있습니다. 그 대표적인 사례를 두 가지만 살펴보기로 하겠습니다.

들엔 죽은 노루 있네

들엔 죽은 노루 있네.
흰 띠풀로 고이 싸서
님 그리워하는 여인을
멋진 이가 유혹하네.

숲엔 떡갈나무 있고
들엔 죽은 사슴 있지.
흰 띠풀로 고이 묶네.
그 여인 옥과 같다네.

서둘지 말고 천천히 해요.
허리수건은 건들지 마세요.
삽살개도 짖게 해선 안 돼요.[97]

이 시는 『시경』 제1편 국풍 '소남' 편에 실려있는 것으로, 어느 남녀의 간통 장면을 포착해서 노래한 것입니다. 여기서 남자는 사냥해서 잡은 노루와 사슴을 흰 띠풀로 싸서 여인에게 안겨주며 유혹하고 있습니다. 여인은 혼례식 때 어머니가 둘러준 허리수건을 하고 있고, 남자에게 그것을 건들지 말라고 주지시키는 것으로 미루어 이미 결혼한 여인으로 보입니다. 여인은 사냥 솜씨도 뛰어난 그 멋진 남자에게 서두르지 말고 천천히 오랫동안 성교를 하자고 말합니다. 마지막의 삽살개는 대담하고 용감하며 충성스러운 개를 말하기도 하지만, 여인의 남편을 상징하는 것일 수도 있습니다. 남편이 무서운 사람이니 조심해야 한다는 것입니다. 다시 말해 이 시는 한 여인이 멋진 남자에게 사냥감을 선물 받고 잎이 넓은 떡갈나무 아래에서 간통하는 장면을 노래한 것입니다.[98]

진수와 유수

진수와 유수는 봄물이 넘실넘실하네.
사내와 여인이 손에 난초를 쥐었네.
여인이 "구경하셨어요?" 하니
사내가 "벌써 구경했는데요" 하네.
"그래도 또 유수가로 구경 가요. 정말 즐거워요."
사내와 여인은 서로 히히덕거리며 장난치며 놀다가
작약꽃 꺾어주고 헤어졌다네.[99]

이 시는 『시경』 제1편 국풍 '정풍' 편에 실려있는 것으로, 선진시대 난혼제의 모습을 잘 보여주고 있습니다. 12세기경 서양의 카니발에서 젊은 남녀가 가면과 가발을 쓰고 3일에서 1주일 동안 원하는 상대와 자유롭게 성을 즐기는 것과 같다고 하겠습니다. 이 시에서도 삼월 삼짇날 진수와 유수가의 축제장에서 많은 남녀가 모여 마음에 드는 짝을 만나 자유롭게 성을 즐기고 있습니다. 그들은 대개 만날 땐 액을 쫓고 구애의 의미를 담은 난초를, 이별할 땐 작약을 꺾어주곤 했다고 합니다. 여기서 흥미로운 점은 먼저 말을 건네며 유혹하는 쪽이 여인이라는 것입니다. 여인이 마음에 드는 남자를 보자 "벌써 구경했느냐?", 즉 다른 여자와 성관계를 나누고 왔느냐고 묻습니다. 남자가 이미 구경했다고 하자, 여인은 물러서지 않고 "또 구경하러 가요"라고 하면서 자기랑 가면 더욱 즐거울 것이라고 매우 적극적으로 유혹합니다. 이윽고 사내와 여인은 함께 강가로 가서 성을 즐기고는 '쿨'하게 헤어집니다. 이렇게 공자는 『시경』에서 당시 난혼제의 풍습도 적나라하게 보여주고 있습니다.[100]

물론 후세의 성리학자들이 주장하는 내외법이나 정절 같은 남녀 간의 예교는 이미 『예기』에서 큰 틀이 완비되어 있었습니다. 하지만 그러한 『예기』 속의 예교도 이후 오랫동안 냉대를 받다가 송대의 성리학이 흥기해서야 비로소 상황이 바뀌기 시작했습니다.

성리학의 도덕주의·금욕주의 성관념

성이 본격적으로 통제되기 시작한 것은 성리학, 특히 주자학에 의해서였습니다. 성리학은 남성과 여성을 분리하고, 성적 욕망을 도덕적 관점으로 억압했습니다. 이로부터 점차 다자간 연애와 일시적 관계가 사라지고, 특히 여성을 중심으로 일부일처제와 일부종사 의식이 자리 잡게 됩니다. 그렇다면 과연 성리학은 어떤 방식으로 성을 억압했을까요?

성리학은 '성명 의리의 학문'의 준말로, 중국 송나라와 명나라 때 유행하던 신유학을 말합니다. 북송의 주돈이가 제일 먼저 유가와 도가를 융합한 학설을 창시했고, 정호와 정이 형제가 오랫동안 낙양에서 학생들을 가르쳐 이른바 '낙학'을 형성했습니다.

성리학은 심성 수양을 철저히 하면서 자연의 법칙이자 규범인 이(理)를 깊이 연구하고 체득하여 현실 속에서 실현하려고 했습니다. 그래서 궁극적으로 유교적 가치를 내면화한 도덕군자에 의해 다스려지는 이상국가를 염원했습니다.

특히 성리학은 내외법이나 정절의식 같은 예교(禮敎: 예의에 관한 가르침)를 강조했습니다. 앞에서 언급한 것처럼 남녀 간의 예교는 일찍이 『예기』에서 완비되었지만, 성리학이 유행하기 전까지는 강조되지 않았을 뿐만 아니라 끊임없이 상층사회에 의해 파괴와 멸시를 받아왔습니다. 그런데 북송의 정호·정이 형제는 낙양에서 학생들을 가르치면서 항상 예교를 강조했습니다. 한번은 어떤 사람이 정이에게 남편 사후 과부가 먹고살 방도도 없고 의지할 데가 없으면 재혼해도 되느냐고 물었습니다. 그러자 정이가 "굶어 죽는 일은 극히 사소하나 절개를 잃는 일은 매우 중대하다"라고 대답했습니다. 이후로 그 말은 성리학의 명언이 되었습니다.[101]

또한 그들은 천리와 인욕을 구분하면서 인욕을 제거할 것을 강조했습니다. 인욕을 없애야 천리가 밝아진다는 것입니다. 이는 기독교에서 정신과 육체를 이분화한 뒤 정신에 의해 육체가 통제되어야 한다는 이치와 같다고 하겠습니다. 천리가 대체 무엇이냐고요? 정호와 정이는 천리를 만물의 궁극적 보편원리로, 인의예지의 덕성이 구비된 것이라 했습니다. 이렇게 그들은 천리를 예와 연결하여 예법을 엄격하게 준수할 것을 강조했습니다.[102] 반면에 인욕은 말 그대로 인간의 욕망을 말하는데, 그러한 인욕의 맨 첫머리에 놓인 것이 바로 성적 욕망이었습니다. 그래서 예교로 성적 욕망을 억압하도록 했고, 특히 남성들에게 여자와의 육체적 관계인 여색을 경계하도록 했습니다.

예교에 대한 강조는 남송의 주희에 이르러 더욱 높고 새로운 단계에 접어들었습니다. 주희(1130~1200)는 '주자'라고 높여 부르곤 하는데, 북송의 정이·정호 형제의 학문을 계승하되 나름의 발전을 거쳐 이른바 '주자학'을 완성했습니다.

주자는 정이·정호 형제보다 한 걸음 더 나아가 천리와 인욕을 완전히 대립되고 공존할 수 없는 것이라고 했습니다. 다음은 『주자어류』 권13에 나오는 구절입니다.

사람의 한마음에는 천리가 있으면 인욕이 없고, 인욕이 기승을 부리면 천리는 소멸되는 것이기에, 일찍이 천리와 인욕이 함께 뒤섞여 있는 경우는 없었다. 그렇기 때문에 인욕을 모두 없애고 천리를 다시 회복해야 한다.[103]

이렇게 주자는 천리와 인욕은 공존할 수 없는 것이므로 "존천리 거인욕(存天理 去人慾: 인간의 욕망을 모두 없애고 천리를 완전히 회복해야 함)"하라고 했습니다.

또한 주자 역시 인욕을 크게 일으키는 것으로 성욕만 한 것이 없으며, 그것을 가장 먼저 없애야 할 욕망이라고 했습니다. 다시 말해 인간의 성욕을 모두 없애고 천리를 완전히 회복해야 한다고 주장했습니다.

조선 시대 성리학의 도입과 정착 과정

성리학은 13세기 후반 안향(1234~1306)에 의해 처음 소개된 것으로 알려져 있습니다. 그는 원나라에 가서 『주자전서』를 베껴가지고 돌아와 주자학을 연구하여 우리나라 최초의 주자학자가 되었습니다. 뒤이어 이제현, 이색, 정몽주 등이 출현하여 성리학을 피상적 연구의 차원을 넘어 전문적 연구의 수준으로 끌어올렸습니다. 고려 후기의 신흥사대부들은 성리학의 이념을 바탕으로 불교와 권문세족의 부패를 비판했으며, 새로운 정치 질서를 확립하고자 했습니다.

이후 15세기 후반에서 16세기에 이르면 사림파의 활동이 두드러지기 시작합니다. 그들은 성리학 특유의 의리 실천에 심혈을 기울이며 도학적 경향을 뚜렷이 드러냈습니다. 사림파가 중앙정계에 대거 진출한 시기는 훈구세력이 정권을 장악하고 있던 성종 때부터였습니다. 조선의 제9대 왕인 성종은 성리학을 국가의 지도 이념으로 삼아 예교 국가를 구현하고자 했습니다. 그래서 숭유억불 정책을 추진하고 사림파를 등용했습니다. 조선 전기의 문물제도는 성종에 의해 거의 완성되었으며, 무엇보다 『경국대전』을 반포했습니다.

사림파는 그러한 성종대의 김종직을 종장으로 하여 확립되었습니다. 그는 성종 10년 이후 조정의 청요직을 계속 맡으면서 성종의 총애를 받았습니다. 그의 문하에서 김굉필, 정여창 등 많은 제자가 배출되었고, 그에 따라 훈구파에 대칭되는 사림파의 영수로 군림하게 되었

안향 초상 한국민족문화대백과사전

던 것입니다.[104]

　　또한 사림파는 본래 영남을 중심으로 형성된 학파였으나, 김 굉필의 문하에서 조광조를 비롯한 기호지방의 선비들이 배출됨으로 써 그 범위가 전국적으로 확대되었습니다. 중종대에 활약했던 조광조 (1482~1512)는 도의 정치의 기틀을 세운 인물로, 조선 도학의 시조로 꼽힙니다. 도학이란 예교(예의도덕)를 위주로 하는 학문으로, 인욕을 억제하고 지행합일을 추구했습니다.[105]

　　도학을 숭상하는 사림파는 16세기인 선조 초반에 정국을 장악 하게 됩니다. 당시 사림은 조정에 출사하여 정치에 참여하는 '묘당유' 와 재야에 숨어 지내던 '산림유'로 나뉘었습니다. 대표적인 묘당유로는 이황과 이이를, 산림유로는 서경덕과 조식을 들 수 있습니다. 이황은 말년에 학문 연구에 전념하여 중요한 저술을 남기고 수많은 제자를 양성했습니다. 이이도 이황과 더불어 조선 시대 성리학의 쌍벽을 이루는 학자로, 기호학파의 연원이 되었습니다. 반면에 서경덕은 산림에 묻혀 기의 근원에 대해 천착했습니다. 조식도 산림에 은거하면서 사림의 정신을 주도했습니다. 비록 조정에 출사하여 정치 일선에 나선 인물은 아니었지만, 도학을 연구하고 실천하는 산림유로서 많은 제자를 두고 있었습니다.

17세기 이후 조선 후기는 '예학의 시대'라고 해도 과언이 아니었습니다. 당시는 임병 양란을 거치면서 사회질서가 문란해졌기 때문에 이를 재정비할 필요가 있었습니다. 그래서 성리학적 질서를 확립하고 강상 윤리를 재건하기 위해 예제를 확립하고 예의 정신을 강조했습니다. 조선 후기 성리학자들은 전통적으로 전해지는 온갖 예를 연구하면서 철저히 실천할 것을 역설했습니다. 심지어 그들은 예의 실천 여부를 기준으로 인간을 군자와 소인으로 평가함은 물론 복상이나 예송 문제로 당쟁을 벌이기도 했습니다. 대표적으로 윤휴와 송시열은 예송 문제로 벌인 당쟁에서 예의 실천을 위한 극단적인 열의를 보여줬는데, 이는 중국이나 일본에서는 결코 유례를 찾기 힘든 그야말로 교조화된 예 숭상의 사조라고 할 수 있습니다. 이렇게 17세기 이후 성리학은 거의 교조적으로 변화되었습니다. 그리하여 조선 후기에는 예의 지나친 형식적·명분적 성격에 대한 반성으로 실학이 출현했던 것입니다.

『소학』: 성리학의 실천윤리서

성리학에선 바로 이러한 『소학』 속의 남녀 간 예교를 통해 성을 통제하고자 했습니다. 『소학』은 특히 남성과 여성을 분리하고, 무엇보다 여성의 성적 욕망을 억압하여 인간의 성을 통제하고자 했습니다. 그 대표적인 남녀 간 예교를 제시하면 다음과 같습니다.

첫째, '남녀칠세부동석'입니다.

7살이 되면 사내아이와 계집아이가 자리를 같이하지 않게 하며, 음식도 함께 먹지 않게 한다(입교 제2장 1절).[106]

둘째, 여성의 '외출 금지'입니다.

계집아이는 10살이 되면 규문 밖을 나가지 않는다. (…) 15살이면 비녀를 꽂고, 20살이 되면 시집을 가는데, 사정이 있으면 23살에 시집간다. 예절을 갖추어서 맞이하여 가면 아내가 되고, 그대로 가면 첩이된다(입교 제2장 2절).[107]

셋째, '부부유별'입니다.

맹자가 말하기를 "사람에게는 도가 있다. 배불리 먹고 따뜻하게 입고 편안히 살면서 교육이 없으면 그것은 금수에 가깝다. 성인이 이것을 근심하여 설(요임금의 신하. 현명한 자)을 사도(교사)에 임명하여 인륜을 가르치게 하니, 아버지와 아들은 친애함이 있고, 임금과 신하는 의리가 있고, 남편과 아내는 분별이 있고, 어른과 어린아이는 차례가 있고, 벗 사이에는 믿음이 있는 것이다"라고 하였다(입교 제5장).**108**

넷째, '내외법'입니다.

『내칙』에 말하기를 "예의는 부부 사이의 도리를 삼가는 데서 시작된다. 집을 만들 때 안과 밖을 구별하여 남자는 밖에 거처하고 여자는 안에 거처한다. 안채를 깊숙이 하고 문을 굳게 하여 문지기로 하여금 지키게 한다. 남자는 안에 들어가지 않으며, 여자는 밖에 나오지 않는다" 하였다(명륜 제65장).**109**

다섯째, '정절의식'입니다.

왕촉이 말하기를 "충신은 두 임금을 섬기지 않고, 열녀는 두 남편을 고쳐 맞지 않는다" 하였다(명륜 제59장).**110**

여섯째, '여색경계'입니다. 여색경계는 직접적으로 언급한 것은 없고, 다만 간접적으로 말하고 있을 뿐입니다.

천하의 선비가 기뻐서 따르는 것은 사람이면 원하는 바이나 그것으로써 근심을 풀지 못했다. 아름다운 여색은 사람이면 다 원하는 바이나, 요임금의 두 딸을 아내로 삼았어도 그것으로 근심을 풀지 못했다(계고 제6장).**111**

이와 같이 『소학』은 남녀칠세부동석, 여성의 외출금지와 정절의식, 부부유별, 내외법, 여색경계 등 남녀 간의 예교(예의범절)를 통해 인간의 성을 통제하고자 했습니다. 그에 따라 남자와 여자는 점차 분리되고, 성은 부도덕화되어버린 것입니다. 또 원시 시대 이래 인간의 자연스러운 성적 행위였던 다자간 연애와 일시적 관계도 본격적으로 사라지게 되었던 것입니다.

그와 함께 조선은 『삼강행실도』를 간행하여 정절을 강조함으로써 특히 여성의 성을 통제하고자 했습니다. 『삼강행실도』는 세종 13년 (1431) 설순 등이 임금의 명에 따라 편찬한 윤리서인데, 중국과 우리나라에서 모범이 될 만한 충신, 효자, 열녀를 각 35명씩 뽑아 그 행실을 그림으로 그리고 설명을 붙였습니다. 그중 '열녀' 편은 유향의 『열녀전』, 중국 정사 속의 열녀전, 우리나라의 『삼국사기』, 『고려사』 등에서 정절을 지킨 여성들을 뽑아 만든 것입니다.

그런데 성은 인간의 가장 강력한 본능적 욕망으로 예교 같은 일정한 형식이나 규범 속에 가둔다는 것은 애초부터 불가능했습니다. 성을 속박한다는 것은 인간성에 대한 중대한 도전에 다름아니었기 때문입니다. 또한 이 같은 성리학의 남녀 간 예교는 하층민에게는 별다른 구속력을 갖지 못했습니다. 다시 말해 예의는 일반 백성에게까지 내려가지 않았던 것입니다. 사실 성욕 억제는 처음부터 귀족층을 대상으로 제기한 것이었습니다. 귀족층이 음란하면 사회질서의 위험을 초래할 수 있었기 때문입니다. 또 남녀 간의 예교도 하층민은 실행할 수 없었습니다. 그들은 안팎을 구분해서 집을 지을 수 있을 정도로 살림이 넉넉하지 않았을 뿐 아니라 끊임없이 밖에 나가 일을 해야 했기 때문입니다.

8장
성종의 법과 제도적 성통제

국가적 차원의 성통제

푸코에 의하면 권력과 성의 관계는 늘 부정적으로 형성되었다고 합니다. 권력은 성에 대해 접근하지 말라, 만지지 말라, 나타내지 말라 등 금지의 법만 작용하게 했다는 것입니다. 권력의 목적은 성을 움츠러들게 만드는 것이었습니다.[112]

또한 그러한 성적 통제의 대상은 경제적 특권층이나 정치적 지도층인 상류 계급에서 가장 집중적으로 실행되었습니다. 그중에서도 성의 통제 장치에 맨 먼저 에워싸인 인물이 소위 '유한마담(한가한 여자)', 곧 귀족층 여성들이었습니다. 그에 비해 서민층은 오랫동안 성의 통제 장치와 무관하게 살아왔다는 것입니다.[113]

조선도 국가적 차원에서 본격적으로 성을 통제하기 시작했습니다. 특히 성종은 내외법, 과부재가금지법, 열녀 표창, 혼인 필수화, 간통죄 강화 등 성리학에 기반한 각종 법과 제도를 통해 성, 특히 여성의 성을 통제했습니다. 이로부터 우리나라에서도 인간의 기본적 본능이자 개인의 사적 영역인 성을 국가가 통제하는 전통이 본격화되었습니다. 또한 그 영향이 현대에도 강력하게 미치고 있습니다. 앞에서처럼 성을 부끄럽고 수치스럽게 여겨 마음속으로 숨겨야 할 대상이 되어버린 것은 성종 때부터 비롯되었다고 해도 과언이 아닙니다. 그러므로 우리는 성종의 성리학에 기반한 국가적 차원의 성통제에 대해 자세히 알아볼 필요가 있습니다.

주요순 야걸주

혹시 성종의 별명이 무엇인지 아시나요? 야사에서는 성종을 '주요순 야걸주'라고 표현하고 있습니다. 낮엔 요임금과 순임금처럼 선정을 펼쳤지만, 밤엔 걸왕과 주왕처럼 여색에 빠져 지냈다는 것입니다.

실제로 성종은 『경국대전』을 완성했고, 『동국병감』과 『동국여지승람』을 편찬했으며, 사림을 등용하여 왕권을 강화하고 성리학 국가로서의 제도를 정비하는 등 많은 업적을 남겼습니다. 하지만 밤엔 여성 편력이 대단한 그야말로 '호색 군주'였습니다.

성종은 재위 25년 동안 3명의 왕비와 9명의 후궁을 맞아들여 16남 14녀를 낳았습니다. 자식이 너무 많아 궁중에서 다 기를 수 없게 되자 궁궐 밖에 있는 여염집에서 기르게 했을 정도였다고 합니다. 당연히 성종과 왕비 윤 씨의 부부관계는 좋을 리 없었습니다. 성종은 전형적으로 실패한 결혼생활을 했고, 조선 건국 후 처음으로 부인을 폐비시킨 왕이 되었습니다. 그 유명한 폐비 윤 씨 사건이 바로 그것입니다.

그뿐만 아니라 성종은 궁궐 안팎에서 술과 여자, 놀이 등 주색잡기를 즐겼습니다. 차천로(1556~1615)가 편찬한 『오산설림초고』에는

필자 미상. 「중묘조서연관사연도」 고려대학교박물관 소장

성종이 얼마나 주색잡기를 좋아했는지 적나라하게 기록되어 있습니다.

성종은 궁궐 안에서 신하들에게 잔치를 베풀고 술을 마시도록 하여 장난하는 걸 좋아했습니다.

성종이 밤에 가까운 신하들에게 잔치를 베풀고, 만약 취하지 않으면 술상을 치우지 않겠다고 하니, 승지들이 모두 취하여 쓰러졌다. 임금이 내시들에게 명하여 가만히 그의 은띠를 끄르게 하고 금띠로 바꿔두르게 해준 다음 부축하여 나가게 하였다. 다음 날 새벽에 급히 입시하기를 명하니, 숙취가 아직 깨지 아니하여 자신이 두른 것이 금띠인지 살피지 못하였다. 날이 훤히 밝아올 무렵 좌우 사람들이 그 금띠를 보고 모두 놀라고 괴이하게 여겼다. 사간원과 사헌부의 관리들이 이것을 탄핵하니, 성종이 웃으며 말하기를 "이미 황금 띠를 둘렀으니 그대로 승진하는 것이 옳겠다" 하고, 마침내 특별히 가선대부를 명하였다.[114]

성종은 이렇게 신하들에게 술자리를 베풀고 장난하면서 함께 즐기는 걸 좋아했습니다. 마치 임금이 백성과 함께 즐긴다는 '여민동락(與民同樂)'을 떠올리게 하는 대목입니다.

또한 성종은 궁궐 밖에 있는 기생들을 불러 여악을 즐기기도 했습니다. 특히 성종은 함경도 영흥의 기생 소춘풍을 매우 총애했습니다. 아래의 기록도 『오산설림초고』에 나오는 것인데, 성종이 소춘풍을 얼마나 좋아했는지 잘 나타나 있습니다.

성종은 술을 장만하여 여러 신하들에게 잔치를 베풀 때마다 꼭 여악을 벌였다. 어느 날 영흥의 명기 소춘풍에게 술을 부으라 명하니, 술독에 나아가 금잔에 술을 부었으나 감히 임금 앞에 나아가 드릴 수가 없어, 바로 옆의 영의정 앞에 가서 술잔을 들고 노래를 부르기를 "요가 계시건마는 순이 내 님인가 하노라" 하였다. 그때 무신으로 병조판서가 된 자가 있어 생각하기를 '이미 재상에게 술을 권했으니 마땅히 장군에게 술을 권할 것이니 다음은 꼭 내 차례라'고 마음먹고 있었다. 하지만 예조판서로 대제학을 맡은 자가 있었는데, 소춘풍이 술을 부어 그 앞으로 가서 노래하기를 "학식 높고 명석한 군자를 어찌하여 버려 두고 바로 저 무지한 병조판서에게 갈 수 있으리오" 하였다. 병조판서가 바야흐로 노기를 품고 있자, 소춘풍이 또다시 잔에 술을 부어 권하면서 "앞의 말은 농담이요, 내가 잘못했소. 용감한 무부를 어찌 아니 쫓겠는가"라고 하였다. 이 세 노래는 모두 속요이다. 그때 성종이 크게 기뻐하며 소춘풍에게 비단과 명주, 호랑이와 표범 가죽, 후추 등을 매우 많이 상으로 하사하였는데, 소춘풍의 힘으로는 혼자 다 운반할 수 없었다. 입시했던 장사들이 모두 날라다 주었는데, 이로 말미암아 소춘풍의 이름이 온 나라에 퍼졌다.[115]

소춘풍은 궁궐의 임금 앞에서 영의정, 병조판서, 대제학 등 권력의 핵심들을 노래와 술로써 마음껏 놀릴 수 있을 정도로 재주가 뛰어났습니다. 그래서 성종이 크게 기뻐하며 소춘풍 혼자서는 들고 나갈 수 없을 정도로 큰 상을 내렸다는 것입니다.

성종의 성리학적 성통제

성종은 매우 이율배반적인 왕이었습니다. 위에서처럼 자신은 주색잡기를 즐기며 호색적인 생활을 했지만 백성, 특히 여성의 성에 대해선 엄격히 통제했기 때문입니다. 성종은 내외법, 과부재가금지법, 열녀 표창, 혼인 필수화, 간통죄 강화 등 성리학에 기반한 각종 법과 제도로 여성의 성을 통제했습니다. 한국 역사에서 성이 법과 제도를 통해 규범화·도덕화된 것도 바로 성종 때부터였습니다. 게다가 성종은 그것들을 조선의 기본 법전인 『경국대전』에 성문화함으로써 강력하고 항구적으로 성을 통제할 수 있도록 만들었습니다.

내외법

먼저 성종은 『소학』에 기반한 내외법을 제정하여 여성들의 외출을 금지함으로써 그들의 성을 통제했습니다. 조선 초기만 해도 여성들

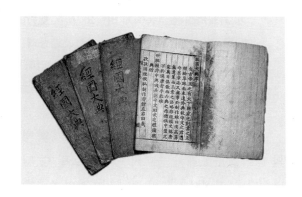

『경국대전』
국립중앙박물관 소장

은 비교적 자유롭게 바깥출입을 했습니다. 당시 여성들은 평소 집 근처의 냇가에 나가 놀거나 누각에 올라 꽃구경을 했으며 야제(野祭), 즉 산이나 들에 나가 귀신에게 제사를 지내거나 산붕, 나례, 사신 행차 등 나라에 특별한 구경거리가 있으면 자유롭게 나가서 구경하곤 했습니다.[116]

또한 조선 전기 여성들은 부모나 남편의 추모 법회, 연등회나 팔관회 등 불교 행사가 있으면 앞다투어 절에 가서 참여하곤 했습니다. 그러면서 다른 남자나 중들과 접촉하게 되었고, 급기야 성적인 관계를 맺는 일이 종종 일어났습니다. 그래서 양반사대부들은 자주 여성의 사찰 출입을 금지해달라고 임금에게 요청했습니다.[117]

결국 성종은 『소학』을 기반으로 내외법을 제정하여 조선의 법전인 『경국대전』에 명문화해버렸습니다.

유생이나 부녀로서 절에 올라가는 자(여승도 같다), … 도성 안에서 야외제사를 지내는 자, 관리 집안의 여인으로서 산골짜기나 냇가를 찾아다니며 놀이를 벌이거나 직접 야외제사, 산천제사, 성황당제사를 지내는 자, … 모두 곤장 100대에 처한다.[118]

부녀자들이 절에 올라가거나 야제, 산천과 성황당 제사, 산간 계곡에서의 놀이 등을 벌일 경우엔 곤장 100대를 치겠다는 것입니다.[119] 당시 여자에게 곤장을 칠 때는 치마를 입히되 그 위에 찬물을 끼얹어 옷이 살갗에 달라붙게 한 뒤 사정없이 내리치곤 했습니다. 그러면 아마 100대를 맞기도 전에 대부분 죽고 말았을 것입니다. 다시 말해 위의 법 조항은 앞으로 여자들이 쓸데없이 밖에 나다니면 모두 죽여버리겠다는 엄포였던 셈입니다.

과부재가금지법

고려 시대 여성의 재혼은 흔한 일이었으며, 사회적으로 지탄받거나 금기시되는 일이 아니었습니다. 특히 고려 시대엔 과부, 즉 홀로 된 여인들이 애인을 두거나 재혼하는 것은 아주 일반적이었습니다.

조선 전기에도 여성의 재가가 사회적으로 별로 문제시되지 않았습니다. 앞의 간통 사례들에서 보았듯이 조선 전기엔 양반사대부가의 여성들도 비교적 자유롭게 이혼과 재혼이 이루어졌습니다. 이러한 조선 전기 여성들의 재가 풍속은 당대 최고 집안의 가계 기록인 족보에서도 확인할 수 있습니다.

현존하는 가장 오래된 족보인 『안동권씨성화보』(1476)를 보면 여성의 재가 기록 17건이 나타나는데, 각각 선부(先夫)와 후부(後夫)로 표현하고 있습니다. 예를 들어 권눌의 장녀는 선부 진사 이회와 결혼했고, 이후 후부 이순몽과 재혼했다고 합니다.[120] 이로 보아 조선 전기에는 재가가 비교적 자유롭게 이루어졌음을 알 수 있습니다.

다만 조선 전기엔 세 번을 결혼한 삼가녀의 경우엔 실행으로 간주하여 '자녀안'에 올리고 그 아들과 손자의 관직 진출을 제한하려 했습니다.**121** 자녀안(恣女案)이란 고려 시대부터 있었던 성적으로 방종한 여자들의 명부로, 양반집 유부녀가 음행하면 그곳에 기록하고 노비로 신분을 격하하던 제도였습니다. 고려 시대엔 간통했을 경우에만 자녀안에 기록하도록 했지만, 조선 시대엔 삼가녀도 음행으로 취급하여 자녀안에 기록하도록 했습니다.**122**

물론 조선 전기에도 자녀안이 엄격히 실시되지는 않았습니다. 세조 13년(1467) 7월 28일, 왕이 김개를 정2품 의정부 좌참찬에 임명합니다. 그러자 이틀 후인 7월 30일 사헌부 지평 정효항이 아뢰기를 "좌참찬 김개의 어미 왕 씨가 세 번 시집간 실절을 했는데, 김개가 묘당(의정부)의 직책에 있는 것은 마땅치 않습니다"라고 합니다. 이에 임금이 "김개의 관직이 이미 1품에 이르렀는데, 그것이 무슨 상관이란 말인가?"라고 하니, 정효항이 어쩔 수 없이 물러갑니다.

조선에서 여성의 재가가 규제되기 시작한 것은 성종이 이른바 '과부재가금지법'을 제정하면서부터였습니다. 성종 8년(1477) 7월 17일, 왕의 지시로 정승을 지낸 원로대신과 의정부, 육조, 사헌부, 사간원, 한성부, 돈녕부의 2품 이상, 충훈부의 1품 이상 중신들이 모여 관제 개혁, 부녀자의 재가금지 등의 일을 의논했습니다. 그중 부녀자의 재가 문제에 대해선 46명의 신하 가운데 42명이 재가금지법 제정을 반대하고 나섰습니다. 하지만 나머지 4명, 즉 임원준, 허종, 유자광, 유수 등은 아래와 같이 강력한 어조로 과부재가금지법 제정에 찬성했습니다.

"예전에 정자가 말하기를 '재가하는 것은 단지 후세에 추위와 굶주림에 죽을까 두려워하여 한 것이다. 그러나 실절하는 일은 지극히 크고 죽는 일은 지극히 적다' 하였고, 장횡거는 말하기를 '사람이 실절한 자를 취하여 자기의 짝을 삼으면, 이것도 또한 실절한 것이다'라고 하였습니다. 대개 한번 더불어 초례를 치렀으면 종신토록 고치지 않는 것이 부인의 도리입니다. 만약 두 지아비를 고쳐 산다면, 이것은 금수와 더불어 어찌 다르겠습니까? 세속이 절의를 돌아보지 아니하고, 비록 자재가 풍부하여 주리고 추위를 근심하지 않는 자라도 모두 재가하되 국가에서 또한 금령이 없으며, 실절한 자의 자손으로 하여금 청요직에 오르게 하는 습관이 풍속을 이루었는데도 평범하게 보아 넘겨 괴이하게 여기지 않으니, 비록 혼인을 주관하는 자가 없더라도 스스로 중매하여 지아비를 구하는 자까지 있습니다. 만약 이를 금하지 않는다면 어느 곳이든 이르지 않음이 없을 것이니, 금후로는 재가한 자를 한결같이 모두 금단하고, 만일 금령을 무릅쓰고 재가한 자가 있으면 아울러 실행한 것으로 치죄하며, 그 자손도 또한 입사를 허락하지 말아서 절의를 가다듬게 함이 좋겠습니다."[123]

이처럼 찬성론자들은 성리학의 정절의식을 들어 재가를 모두 금지하도록 하고, 만약 재가하면 그 자손 또한 입사하지 못하도록 하자고 제안합니다.

이때 성종은 다수의 의견을 무시하고 소수의 의견을 좇아 과부 재가금지법을 제정토록 지시합니다. 사족 부녀가 삼종지도의 예를 지키지 않고 개가하여 풍속을 어지럽히고 있으니, 이제부턴 재가녀 자손은 벼슬할 수 없도록 하라고 했습니다.

나아가 성종은 조선의 국법인 『경국대전』 곳곳에 재가녀자손금고법을 명문화해버렸습니다.

두 번 시집갔거나 행실이 방정치 못한 여인의 아들과 손자, 첩소생의

자손에게는 문과 시험과 생원 및 진사 시험에 응시하는 것을 허락하지 않는다.[124]

정조를 지키지 못한 여자와 재가한 여인의 아들은 동쪽반열과 서쪽반열의 관직에 임명하지 못한다. 증손대에 가서야 상기의 각 관청 이외의 관직에 등용하는 것을 허락한다.[125]

성종은 부녀자의 재가를 직접적으로 금지한 것이 아니라, 자손들이 과거시험에 응시하지 못하거나 관직에 등용되지 못하게 함으로써 간접적이고 우회적으로 부녀의 재가를 금지했습니다. 그뿐 아니라 재가나 개가한 여자에게는 남편의 관직에 따라 부인에게 주는 외명부 작위도 주지 말도록 했습니다.

부인의 작위는 남편의 관직에 따른다. 〔첩의 몸에서 난 딸과 재가한 여자는 작위를 봉하지 않으며 개가한 여자는 주었던 작위도 박탈한다.〕[126]

여기서 재가(再嫁)는 남편이 살아있을 때 다른 남자에게 다시 시집가는 것이고, 개가는 남편이 죽은 뒤에 다시 시집가는 것을 말한다고 합니다. 이처럼 성종은 성리학적 예교에 따라 한번 혼인한 여자는 어떤 형태의 재혼도 하지 못하도록 했습니다.

여성의 재가금지법은 1894년 갑오개혁 때 "부녀의 재가는 귀천을 막론하고 그 자유에 맡긴다"라는 조항과 더불어 법적으로 폐지되었습니다. 하지만 남편을 잃은 여성들의 재혼을 도덕적·사회적으로 질타하는 풍조는 이후로도 상당히 오랫동안, 아니 현대에도 적잖은 영향을 미치고 있습니다. 대표적인 예로 2005년까지만 해도 우리나라 여성

2부 억압과 통제의 시대

들에겐 재혼 금지 기간이 있었습니다. 이혼 후 6개월간 재혼을 금지한다는 조항입니다. 일본 민법 제733조의 영향을 받아 제정된 이 조항은 2005년에야 비로소 성평등에 어긋난다는 이유로 폐지되었습니다.

열녀 장려법

성종대에 제정된 재가금지법은 그 자손의 관직 진출을 제한함으로써 간접적으로 여성의 재가를 억제하는 것이라서 사족 부녀가 이를 무시하고 재가할 경우 직접적으로 금지할 수는 없었습니다. 또 벼슬과 거리가 먼 서민층 여성의 재가는 애초부터 금지 대상이 아니었습니다.[127] 이에 따라 성종은 국가 차원에서 남편 사후 절개를 지킨 여성인 절부를 발굴하여 포상하는 '열녀 장려법'을 실시했습니다.

물론 열녀에 대한 장려책은 고려 시대 때부터 계속되어왔습니다. 다만 고려 시대에는 효자, 순손(順孫), 의부(義夫), 절부가 한 묶음이었지만, 조선의 『경국대전』에선 의부가 누락되고 절부만 남았습니다.[128]

> 부모에게 효성스럽고 형제간에 우애가 있는 사람(효성스러운 아들, 공손한 손자, 절개 있는 부인, 나라를 위해 몸 바친 사람의 자손, 친족 간에 화목하거나 환난을 구제한 사람)들은 연말마다 예조에서 등록하여 임금에게 보고하고 장려해준다. [벼슬이나 물건을 상으로 주되 특이한 사람에게는 정문(旌門)을 세워주고 부역을 면제해주며, 그 아내가 절개를 지키는 경우에도 부역을 면제해준다.][129]

이처럼 『경국대전』에선 죽은 남편에게 절개를 지킨 부인에게 기본적으로 부역을 면제해주고, 특이한 행실이 있는 사람에게는 정문을 세워주도록 했습니다.

그 결과 조선 후기에는 남편을 잃은 여성들이 신분에 관계 없이 수절하는 것을 당연하게 여기고, 심지어 남편에게 절의를 지켜 자살까지 감행하는 극단적인 양상을 보이기도 했습니다.

혼인 필수화

고대엔 남녀 결합이 비교적 개방적이고 자유로웠습니다. 물론 공식적인 혼인 관계를 형성하는 데는 부모의 의사가 개입되었지만, 기본적으로 남녀 당사자에 의한 자유연애가 두드러졌습니다. 고려 시대에도 남녀 결합이 매우 자유로웠고, 불교 사회여서 반드시 결혼해야 한다고 강요하지 않았습니다.

성종은 이러한 유가 이념에 따라 남자와 여자의 혼인 연령을 규정하여 『경국대전』 권3 「예전」 '혼가' 조에 명시해두었습니다.

> 남자는 15살, 여자는 14살이 되어야 장가들거나 시집가는 것을 허락한다.〔아들딸의 나이가 13살이 차면 혼인을 정하는 것을 허락한다.〕만약 두 집의 부모 가운데서 한 사람이 해묵은 병을 가지고 있거나 나이가 만 50살이 되었고, 자녀의 나이가 12살 이상일 경우에는 관청에 신고하고 시집이나 장가를 보내는 것을 허락한다.[130]

남자는 15세, 여자는 14세가 되면 결혼할 수 있고, 만약 부모에게 문제가 있으면 12세 이상의 자식도 결혼시킬 수 있다는 것입니다. 현재 이 나이대의 남녀는 미성년자라 하여 성을 강력히 통제하고 있지만, 조선 시대엔 오히려 어른으로 취급하여 공식적으로 결혼할 수 있게 했습니다.

또한 성종은 『경국대전』·권3 「예전」 '혜휼' 조에서 사족의 딸들은 제때에 시집가도록 했고, 만약 그렇지 않으면 가장을 엄중히 문책하도록 했습니다.

> 관리 집안의 딸로서 30살이 가깝도록 생활이 곤란하여 시집가지 못하는 사람에게는 예조에서 임금에게 보고하여 적당히 혼인 비용을 내어준다. 〔그 집안이 그다지 빈곤하지 않음에도 불구하고 30살이 넘도록 시집보내지 않고 있을 경우에는 가장을 엄중히 처벌한다.〕[131]

언뜻 보면 이 조항은 국가가 결혼을 장려하여 인구를 늘리려는 정책처럼 보일 수도 있습니다. 하지만 문제는 그것이 여성에게만 해당하고, 강제성을 띠고 있다는 점입니다. 다시 말해 이 조항은 이제 국가가 개인의 혼사에도 적극적으로 개입하겠다는 것이며, 여성들의 경우 더 이상 독신으로 살 수 없고 반드시 결혼해서 아이를 낳게 만드는 것이었습니다.

반쪽짜리 일부일처제

조선 시대에 이르러서는 일부일처제도 시행되었습니다. 태종 13년(1413) 3월 10일, 사헌부에서 일부일처제를 시행하여 처첩 질서를 바로잡아야 한다는 상소를 올려 임금으로부터 허락을 받습니다.

> 사헌부에서 상소했는데, 그 소장은 이러하였다.
> "전조(고려)의 말년에 예의의 교화가 행해지지 못하고 부부의 의리가

문란해지기 시작하여, 양반사대부들이 오직 제 욕심만을 좇고 애정에 혹하여서 처가 있는데도 다시 처를 얻는 자가 있고, 첩으로써 처를 삼는 자도 있게 되어, 드디어 오늘날 처첩이 서로 소송하는 빌미가 되었습니다. 세대가 오래되고 사람이 없어져 증거를 찾기 부족하니, 거짓을 꾸미고 실정을 숨겨서 진위를 밝히기 어렵고 처결도 근거하는 바가 없어, 원망이 번다하게 일어나서 화기를 상하고 변을 이루게 하니, 이것은 작은 문제가 아니어서 바로하지 않을 수 없습니다. 신 등이 살피건대, 명나라에서 반포한 『대명률』에 '처가 있는데도 첩으로써 처를 삼은 자는 곤장 90대에 다시 고쳐서 바르게 하고, 만약 처가 있는데 다시 처를 얻은 자 또한 곤장 90대에 이혼시킨다' 하였습니다. 신 등은 일찍이 매파와 혼례가 갖추어졌느냐 생략하였느냐를 가지고 처·첩으로 정하였으니, 앞으로는 첩으로써 처로 삼은 자나 처가 있는데도 처를 얻은 자는 모두 율에 따라 처결하고, 당사자가 죽었어도 다시 고쳐 바르게 하거나 이혼하지 않는 자는, 원컨대 먼저 태어난 사람을 적자로 하여 벼슬을 제수한다면 성인의 교화가 일어날 것이요, 처·첩의 분수가 밝아질 것입니다."

임금이 그대로 따랐다.[132]

이처럼 태종대에 이르러 처가 있는데도 다시 처를 얻는 중혼을 하거나, 첩으로써 처를 삼아 신분 질서를 어지럽히는 자는 곤장 90대를 치고 이혼시키겠다고 합니다. 그래서 양반사대부가의 일부일처제를 시행하는 한편 처첩 질서를 바로잡고자 했습니다. 또 처첩을 구별하는 기준은 중매와 혼례, 즉 정식적인 혼인 절차를 갖추었느냐로 판단한다고 했습니다.[133]

성종 역시 『경국대전』 권5 「형전」 '금제' 조에서 아래와 같이 중혼을 금지하여 일부일처제를 실시하고자 했습니다.

> 이미 혼서를 받아놓고 다시 다른 사람에게 허락하여 결혼할 경우에는
> 그 혼인을 주관한 사람의 죄를 따지고 이혼시킨다.[134]

　이미 혼인을 약속해놓고 다른 사람과 다시 혼인한 경우, 즉 중혼
이나 유처취처를 하면 그 죄를 묻고 이혼시키겠다는 것입니다.
　하지만 이후로도 양반사대부 남성들은 중혼만 하지 않을 뿐, 끊
임없이 한두 명의 첩을 들이거나 몰래 여종의 성을 착취하여 자식을
낳기도 했습니다. 다시 말해 조선 시대 일부일처제는 양반층 남성이나
평민·천민층과는 무관한 오로지 양반층 여성, 곧 전 인구의 5% 정도
에게만 해당하는 매우 불완전한 제도였습니다.

어우동 사건과 간통죄 강화

　성종은 여성의 간통죄에 대한 처벌도 이전에 비해 훨씬 강화했
는데, 그 결정적 계기가 바로 유명한 어우동 간통사건이었습니다. 어우
동 간통사건은 다양한 역사적 의미를 담고 있는 매우 상징적 사건이므
로 좀 더 자세히 살펴볼 필요가 있습니다.
　어우동은 지승문원사(정2품) 박윤창과 정 씨 사이에서 태어났
습니다. 어우동과 동시대에 살았던 성현(1439~1504)의 『용재총화』에
의하면, 그녀의 집안은 부유하고 자색이 있었으나 성품이 방탕하고 품
행이 바르지 못했다고 합니다.[135]
　그녀는 태어난 집안뿐 아니라 결혼한 시집도 부귀했습니다. 왕
실의 종친인 효령대군의 손자 태강수(정4품) 이동과 결혼했는데, 두

필자 미상. 〈무산쾌우첩〉 국립중앙박물관 소장

사람 사이에 '번좌'라는 딸이 있었다고 합니다. 그런데 이동이 기녀 연경비에게 빠져 어우동을 홀대했습니다. 이에 그녀는 은장이와 간통하다가 남편에게 들켜 내쫓기고 맙니다.

　　이후 그녀는 거리낌 없이 애정 행각을 즐겼는데, 여기에는 그녀의 여종도 한몫했습니다. 여종은 길거리에서 미소년들을 데려다가 함께 즐기거나, 용모가 아름다운 사헌부 서리 오종년을 맞아오기도 했습니다.

　　또한 그녀는 종실인 방산수 이난과 더불어 사통했는데, 방산수는 나이 젊고 호탕하며 시를 지을 줄 알았으므로 그녀가 특별히 사랑하여 자기 집으로 맞아들여 마치 부부처럼 지냈습니다. 심지어 그는 어우동을 워낙 좋아하여 자신의 팔뚝에 '어우동'이라는 문신을 새길 정도였습니다. 이 밖에도 어우동은 자신의 신분을 숨긴 채 첩이나 기생, 여종으로 행세하면서 많은 남자를 만나 성관계를 맺었습니다. 그녀는 종실이나 학생, 무인, 과거급제자, 서리, 노비 등 신분이나 지위 고하를 막론하고 그야말로 닥치는 대로 성관계를 맺었으며, 특별히 좋아하는 남자들에게는 팔뚝이나 등에 자신의 이름을 새기기도 했습니다. "신체발부 수지부모"라고, 부모에게 물려받은 몸을 손상시키지 않는 것이 효의 시작이라고 알고 있던 유교 사회에서 몸에 문신을 한다는 것은 그야말로 혁명적인 일이었습니다. 어우동이 사형에 처해진 이유도 이처럼 신분제를 어그러뜨리는 성관계와 몸에 문신을 했기 때문인 듯합니다.

성종은 어우동의 처벌에 있어 완전히 공정성을 잃은 판결을 내렸습니다. 그해 9월 2일 마침내 조정에서 어우동의 처벌을 의논했는데, 먼저 의금부에서 어우동을 비롯한 관련 남자들의 간통죄에 대한 율(법률), 즉 처벌 기준을 아뢰었습니다.

> "태강수 이동이 버린 처 어우동이 수산수 이기와 방산수 이난, 내금위 구전, 학유 홍찬, 생원 이승언, 서리 오종련, 감의형, 생도 박강창, 양인 이근지, 사노 지거비와 간통한 죄는 율(律)이 곤장 1백 대에 유배 2천 리에 해당합니다."[136]

어우동 및 간통한 남자들의 죄는 곤장 100대에 유배 2천 리에 해당한다는 것입니다. 조선 시대 간통죄는 『경국대전』 등에 특별한 규정이 없을 때는 중국의 『대명률』 권25 형률 '범간' 조에 따라 다스렸습니다. 이 율에 따르면 간통죄의 경우 신분에 관계 없이 최고 곤장 100 대였으며, 남녀에게 똑같이 벌을 주도록 했습니다.[137] 의금부에선 그 보다 무거운 곤장 100대에 유배 2천 리에 해당한다고 보고했던 것입 니다.

성종은 성적으로 방종한 여자를 죽이지 않는다면 뒷사람을 경 계할 수 없다면서 사형에 처하도록 지시했습니다.

> "어우동은 음탕하게 방종하기를 거리낌 없이 하였는데, 이런데도 죽 이지 않는다면 뒷사람을 어떻게 징계하겠는가? 의금부에 명하여 극 형을 처하라고 하라."[138]

앞에서 세종대의 유감동이 39명의 남성과 간통하고도 곤장을 맞고 먼 지방에 유배된 것과는 확연히 다른 처벌이었습니다.[139]

반면에 어우동과 함께 간통한 남자들은 대부분 가벼운 처벌만 받고 풀려났습니다. 종 지거비는 어우동을 협박하여 간통했음에도 먼 고을의 관노로 배치되었을 뿐이고, 종실 방산수 이난과 수산수 이기는 2년여 만에 석방되었으며, 홍찬은 "뜻 있는 선비도 간혹 살피지 못하고 잘못을 범할 수 있다"고 비호하며 잠시 벼슬을 그만두게 했을 뿐이었 습니다.

성종 11년(1480) 10월 18일, 마침내 어우동은 거리에서 목매달 아 죽이는 교형에 처해졌습니다. 어우동의 어미 정 씨도 사람들로부터 음행이 있을 것이라는 의심을 받기도 했는데, 그녀는 일찍이 이렇게 말 했다고 합니다.

"사람이 누군들 정욕이 없겠는가? 다만 내 딸은 남자에게 혹하

2부 억압과 통제의 시대

는 것이 너무 심했을 뿐이다."[140]

성현의 『용재총화』에 의하면, 어우동이 수레에 실려 사형장으로 가는 모습을 구경하던 사람들도 눈물을 흘렸다고 합니다.

> 여자가 행실이 더러워 풍속을 더럽혔으나, 양가의 딸로서 극형을 받게 되니, 길에서 눈물을 흘리는 사람도 있었다.[141]

성종은 어우동을 공개적으로 처형하여 간통한 여자들에게 본보기를 보여줬을 뿐만 아니라, 이후 1485년 1월 1일자로 시행된 『경국대전』에서도 여성들의 간통죄를 대폭 강화했습니다.

> 정조를 지키지 못한 여자와 재가한 여인의 아들은 동쪽반열과 서쪽반열의 관직에 임명하지 못한다. 증손대에 가서야 상기의 각 관청 이외의 관직에 등용하는 것을 허락한다.[142]

> 두 번 시집갔거나 행실이 방정치 못한 여인의 아들과 손자, 첩소생의 자손에게는 문과 시험과 생원 및 진사 시험에 응시하는 것을 허락하지 않는다.[143]

성종은 『경국대전』에서 정조를 지키지 못했거나 행실이 방정치 못한 여인의 자식들은 문무 관직에 임명하지 않았을 뿐 아니라 아예 과거시험조차 응시하지 못하도록 해버렸습니다.

이에 따라 시간이 흐를수록 간통에 대한 처벌은 더욱 강화되었고, 남녀 간에도 차별을 두었습니다. 조선 전기에는 남녀 모두에게 곤장 80대나 100대의 형벌을 부과했으나, 조선 후기에는 여성들에게 더욱 엄격하게 적용하여 양반 부녀자의 경우 교수형에, 양민 여성은 노비로, 천민 여성은 유배형에 각각 처하도록 했습니다.[144]

이제 여성들에게 간통, 즉 혼인관계 이외의 연애는 죽음을 각오하고 해야 하는 아주 위험한 행위가 되었고, 그만큼 여성들은 인간의 본능인 성욕에 대한 자기감정을 억누르며 살아야 했습니다. 이후로 여성들은 부부간의 성생활이 원만한 경우엔 크게 상관없지만, 그렇지 못할 경우엔 절망과 고통 속에서 살아갈 수밖에 없었습니다. 앞에서처럼 조선 전기까지 계속되던 여성들의 다자간 연애와 일시적 관계도 이때부터 본격적으로 자취를 감추게 되었던 것으로 보입니다.

9장
조선 중기 도학자의 여색경계 담론

성리학적 성윤리의 내면화·저변화

조선 시대에 이르러 성리학이 본격적으로 도입되고 정착해가면서 성에 대한 의식도 인간의 자연스러운 본능에서 사회적으로 규제되어야 하는 도덕적 규범으로 대변화를 이루게 되었습니다. 특히 15세기 후반 성종이 갑작스레 내외법, 과부재가금지법, 열녀 표창, 혼인 필수화, 간통죄 강화 등 성리학적 예교에 기반한 법과 제도를 정비하면서, 성은 또한 국가에 의한 통제 대상이 되어버렸습니다.

더 나아가 16세기인 조선 중기엔 성리학자이자 관료인 사림파, 특히 극단적 성리학자인 도학자가 등장했습니다. 도학자는 서양의 극단주의적 기독교인 청교도 같은 성향을 갖고 있는 이들이었습니다. 그들은 여색을 멀리하여 도덕군자가 되라는 여색경계 담론(이데올로기)과 성욕을 억제하여 건강과 장수를 도모하라는 금욕주의를 확산시켰습니다. 그 결과 성리학적 성윤리는 점차 내면화·저변화되어 모든 사람의 의식 속으로까지 파고들었고, 성을 억압하는 문화는 어느새 당연하고 정당한 일이라는 인식이 자리 잡게 되었습니다.

도학자의 여색경계 담론

16세기 성리학자, 특히 도학자들은 여색(성)을 경계하여 도덕 군자가 되고자 했습니다. 그래서인지 그들을 둘러싼 여색경계의 담론, 즉 여색을 물리치고 도덕군자가 되었다는 이야기가 크게 유행했습니다. 대표적으로 김숙자, 김굉필, 조광조, 김안국, 이지함, 서경덕, 조식, 이황, 이이 등을 들 수 있습니다. 이들 도학자는 당대의 사표로 떠받들어지던 인물들로서, 사회적 파급력이 매우 컸습니다. 이들의 여색경계 담론으로 인해 사회적으로 여색(성)은 경계, 즉 조심해야 할 대상이 되었고, 그와 동시에 여성의 성은 겉으로 드러내서는 안 된다는 인식이 널리 확산하게 되었습니다. 나아가 조선 후기에 이르면 이러한 여색경계 담론은 더욱 극단화되어 여색을 밝히면 금수(짐승)와 같다거나, 부부 이외의 성은 간음이라는 기독교의 극단주의적 성의식이 출현하기도 했습니다.

그럼에도 지금까지 한국 성의 역사에서 이들의 여색경계 담론을 주목하고 본격적으로 연구한 이는 없었습니다. 물론 과거 윤주필 교수가 16세기 도학자들의 여색경계에 관한 설화가 많다는 점을 지적하고서, 대표적으로 남명 조식의 경우를 통해 그 실상을 분석한 적이 있었습니다.[145] 하지만 그것은 '설화에 나타난 도학자상'을 연구한 것이지, 성의 역사적 측면에서 여색경계 담론의 실상과 의미를 분석한 것은 아니었습니다. 또한 강명관 교수도 조선 시대 유학과 도가의 성담론에 대해 주목하고서 그것들이 어떻게 성을 통제했는지 개괄적으로 검토

2부 억압과 통제의 시대

한 적이 있었습니다. 하지만 이것도 아직 시론적 단계인지라 논의가 상당히 거칠게 전개되어 있습니다. 다만 저자는 강명관 교수의 논의에서 많은 아이디어를 얻었음을 미리 밝혀두고자 합니다.[146]

이규보: 여색에 빠지면 나라를 망친다

여색(성)을 경계하는 담론은 16세기 도학자에 의해 갑자기 출현한 것이 아니었습니다. 그 이전에도 여색을 경계하는 담론은 계속해서 나왔는데, 다만 성에 대한 관점에서는 상당한 차이를 보였습니다. 대표적으로 고려 시대 이규보는 『동국이상국집』 권20 〈색유(色喩)〉라는 글에서 아래와 같이 여색에 빠지는 것을 경계하고 있습니다.

> 이른바 색이란 것은 여색이다. 검은 머리, 흰 살결에 화장을 하고, 마음을 건네고 눈으로 맞으면 한번 웃음에 나라를 기울게 한다. 보는 자는 모두 홀리고 만나는 자는 혹한다. 그를 귀여워하고 사랑함에는 아무리 형제 친척이라도 그만 못하게 보인다. (…) 안에서 생긴 해는 이미 이와 같으나 밖에서 생긴 해는 이보다 더 심하다. 여색의 아름다움을 들으면 곧 가산을 탕진하면서 서슴없이 구하고, 여색의 꾐에 빠지면 어떤 위험도 마다하지 않고 달려간다. 좋은 색을 두면 남들이 시기하고, 아름다운 색을 점유하면 공명이 타락된다. 크게는 군왕, 작게는 벼슬아치가 나라를 망치고 집을 잃음이 이에 말미암지 않음이 없다.[147]

이처럼 이규보는 여색에 빠지면 나라를 망치고 집을 잃게 된다면서 마치 적을 대하듯이 강력하게 배척해야 한다고 주장합니다. 단, 조선 시대 도학자들처럼 여색에 대한 도덕적 관점이 아닌 그것의 위험성을 지적하면서 군왕과 벼슬아치에게 경계하라고 당부하고 있을 뿐입니다.

첩을 두지 않은 김숙자

우리나라 성의 역사에서 여색경계 담론이 본격적으로 등장하는 것은 16세기 극단적 도덕주의자인 도학자에 의해서입니다. 그들은 성을 도덕적·금욕적 관점에서 바라본 채 본격적으로 여색을 경계하는 담론을 계속해서 생산해냈습니다. 그 첫 번째 인물이 사림파의 종장(영수) 김종직의 아버지 김숙자였습니다.

김종직이 편찬한 『이준록』에 의하면 김숙자는 천성이 지극히 효성스러웠는데, 평소 집에서 어버이를 섬기는 데 있어서 모든 일을 『소학』의 문구대로 따라 했다고 합니다. 남을 가르칠 때도 『소학』을 먼저 가르쳐서 어버이를 사랑하고 어른을 공경하며, 스승을 높이고 벗들과 서로 친하게 한 뒤에 다른 글을 읽도록 허락했습니다.[148]

그런 김숙자도 노년에 애첩을 두어 부인과 심한 불화를 겪었습니다. 부인은 평소 유순하고 정숙했으나 남편의 첩으로 인해 무척 속을 태웠습니다. 김숙자가 늘 곁에서 보호했으나, 끝내 그 걱정으로 세상을 떠나고 말았습니다. 김숙자는 그것을 애통하게 여겨 이후로는 종신토록 첩을 두지 않았다고 합니다.[149]

김숙자의 동생 또한 어려서부터 여색을 좋아했는데, 일찍이 선산의 창기를 좋아하여 처자식을 집에 두고 떠돌아다니며 전혀 돌보지 않았습니다. 이에 김숙자가 여러 차례 편지를 보내 간절히 꾸짖고, 더이상 선조를 욕되게 하지 말라고 울면서 가르쳤습니다.[150]

심지어 김숙자는 선산부사에게 편지를 보내 "저에게 불초한 아우가 있어 처자식을 돌보지 않고 있으니, 인자한 부사께서 그를 붙잡아

가수헌의 제 집을 찾아가도록 해주시기 바랍니다"라고 부탁하기도 했습니다. 마침내 아우는 집으로 돌아가 부부생활을 처음과 같이 했다고 합니다.

이웃집 처녀의 종아리를 쳐서 보낸 조광조

16세기 도학자 가운데 도덕적 관점에서 본격적으로 여색경계 담론을 생산해낸 인물은 바로 조광조입니다. 그는 성리학적 예교에 기반한 도덕주의적 성의식을 가장 극명하게 보여주었습니다.

조광조(1482~1519)는 젊었을 때부터 도덕군자의 기질을 갖춘 그야말로 전형적인 도학자였습니다. 그는 29세인 중종 5년(1510) 소과에 장원으로 급제했고, 이듬해 성균관의 천거로 관직에 나아갔습니다. 중종 10년(1515) 알성문과에 2등으로 급제한 뒤로는 벼슬이 급속히 승진되어 불과 4년 만에 홍문관 부제학, 사헌부 대사헌에 올랐습니다.

그는 사림파의 영수로서 성리학적 도덕국가를 건설하기 위해 급격한 정치개혁을 추진했습니다. 현량과를 실시하여 사림들의 정치진출을 확대하고, 공신들의 위훈을 삭제하여 훈구세력을 제거하고자 했습니다. 그 밖에도 궁중 여악 폐지, 소격서 혁파 등 사회를 성리학적으로 개혁하고자 했습니다. 그 결과 국가 원로들과 충돌을 일으켰고, 훈구파의 남곤, 심정 등이 일으킨 기묘사화에 연루되어 전라도 능주로 귀양 갔다가 얼마 안 있어 사형에 처해졌습니다.

이러한 조광조의 성향은 그에 관한 여색경계 설화에도 잘 반영되어 있습니다. 조광조의 여색경계 설화는 『동패락송』, 『삽교만록』, 『청구야담』, 『고담』 등의 문헌설화와 『한국구비문학대계』의 구비설화 등 상당히 많이 남아있습니다.[151] 그 기본적인 줄거리는 조광조의 젊은 시절 이웃집 처녀가 그에게 반하여 구애했으나, 그가 음녀로 치부하며 호되게 질책하여 돌려보냈다는 것입니다. 다만 그 결말은 설화에 따라 차이를 보이는데, 하나는 배척당한 여인이 훗날 조광조가 정치적 위기에 처했을 때 목숨을 구해준다는 것, 다른 하나는 매우 부끄러워하며 병들어 죽었다는 것입니다. 여기에서는 전자의 대표적인 사례로 『동패락송』에 수록된 조광조의 여색경계 설화를 살펴보도록 하겠습니다.

정암 조광조 선생은 총각 시절에 글공부에 힘써 책 읽는 소리가 낭랑하였다. 이웃집 처녀가 그 소리를 듣고 사모하는 마음이 들어 담을 넘어서 방문을 열고 들어와 옆에 앉았다. 선생이 읽기를 그만두고 처녀에게 말하였다.

"밖에 나가 나뭇가지를 꺾어 오시오."

처녀가 그 말대로 하자, 선생이 그녀를 추궁하였다.

"나는 곧 양반 집안의 총각이요, 댁도 양반 집안의 처녀라오. 담을 넘어 만나는 것이 만약 탄로 나면, 두 집안의 욕됨이 막심할 것이오. 만약 이것을 경계하지 않고 댁이 마음을 돌리지 않는다면 일어나 종아리를 맞는 것이 좋겠소."

처녀가 감격하여 울면서 말하였다.

"오로지 명하시는 대로 따르겠사옵니다."

선생은 처녀의 종아리를 때려서 돌려보냈다.

그 뒤로 기묘사화가 일어났을 때, 그 당시 처녀의 지아비는 남곤, 심정 등과 한패가 되어 선생을 모함하였다.

그녀가 남편에게 말하였다.

"제가 죽을죄를 진 일이 있사온대, 이제 감히 감출 수가 없사옵니다."

하며 조광조에게 종아리 맞은 일을 말하고는 이어서 말하였다.

"조 아무개는 군자십니다. 그를 해치는 사람은 영원히 소인이라는 이름을 면하기가 어려울 것이옵니다. 그래서 감히 속마음을 털어놓은 것이오니, 바라옵건대 당신께서는 그 점을 생각해 주시옵소서."

그는 자기 아내가 자신의 허물을 감추지 않는 것에 감탄하는 한편, 조광조의 높은 뜻에 감동하여 남곤, 심정 등과의 관계를 끊었다고 한다.[152]

이웃집 처녀가 조광조의 책 읽는 소리에 반하여 담장을 넘어와 적극적으로 구애하니, 그가 성리학적 예교를 들어 질책하고 회초리로 종아리를 쳐서 돌려보냈다는 것입니다. 그 뒤로 기묘사화가 일어나 조광조가 죽을 위기에 처하자, 여인은 자기 남편에게 "조광조는 도덕군자다"라고 말하여 목숨을 구해주도록 합니다.

물론 현실에서 조광조는 기묘사화 때 처형되고 말았습니다. 하지만 설화 속에서는 그 도덕적 성품 때문에 목숨을 구한 것으로 설정되어 있습니다. 또한 설화 속에서 여인은 조광조를 사모하는 마음을 억누르지 못하고 직접 담을 넘어가 방문을 열고 들어가는, 즉 자기감정에 충실한 사람이었습니다. 하지만 조광조는 도덕군자다운 태도로 그녀의 열렬한 사랑 감정을 단숨에 꺾어버립니다.

결국 이 설화를 통해 저자는 조광조의 도덕군자다운 면모를 부각하는 한편, 여자들의 성욕은 절대 드러내서는 안 되는 것으로 만들고 있습니다. 그러면서 조선의 성의식도 점차 자연스러운 본능에서 금지해야 할 경계의 대상으로 변해갔던 것입니다.

전(傳) 신윤복, 「풍속도첩」 중 〈서생과 아가씨〉 국립중앙박물관 소장

월장해온 여자에게 매를 때린 김안국

김안국(1478~1543)은 김굉필의 제자이자 조광조와 동문이었
습니다. 김안국에게도 조광조와 유사한 여색경계 설화가 전해집니다.
다음은 『연려실기술』 제8권에 실려있는 설화로, 매우 개괄적인 이야기
만 수록하고 있습니다.

김안국의 이웃에 사는 한 처녀가 아무도 없는 달밤에 가만히 가서 그
를 만나보았다. 이에 김안국이 그 처녀를 꾸짖기를 "네가 양반집 처녀
로서 밤을 타서 가만히 남자를 찾아왔으니 윤리를 어겨 죄를 지음이

2부 억압과 통제의 시대

크다. 내 너에게 매를 때릴 것이니 너는 받아야 한다" 하였다. 처녀는 하는 수 없이 매를 맞고 담을 넘어 돌아갔다. 그 처녀는 뒤에 시집가서 어느 이름 있는 사대부의 아내가 되어 자손을 두었다. 늙은 후에 이 사실을 아들에게 말하며 그의 인격을 극구 칭찬했다.[153]

김안국 역시 월장해온 이웃집 처녀에게 남녀 간 예교(내외법)를 어겼다고 꾸짖고서 매를 쳐서 돌려보내고 있습니다. 훗날 처녀는 이 이야기를 자식들에게 들려주며 김안국의 인품을 극구 칭찬했다는 것입니다. 위의 조광조와 마찬가지로 여색경계 설화를 통해 김안국의 도덕군자다운 모습을 예찬하는 한편, 성리학적 예교로 여성들의 자연스러운 성욕을 억누르고 있습니다.

황진이의 유혹을 뿌리친 서경덕

서경덕(1489~1546)은 송도의 화담에서 살았는데, 집안이 가난하여 독학으로 공부했습니다. 13세에 『시경』을 읽고 복잡한 태음력의 수학적 계산을 스스로 터득했으며, 18세에는 『대학』을 읽고 격물치지의 원리를 깨달았습니다. 중종 14년(1519)에는 조광조에 의해 현량과에 응시하도록 추천받았으나 사양하고 학문에만 전념했습니다. 이후 어머니의 요청으로 생원시에 응시하여 합격했으나 벼슬을 단념하고는 개성의 동문 밖 화담에 초막을 짓고 진리 탐구에 전념하여 이기일원론을 체계화했습니다. 1544년에는 김안국 등이 후릉참봉에 추천했으나 역시 사양하고 성리학 연구에만 전념한 뒤 도학을 비롯하여 수학, 역학 등 다양한 연구로 여생을 보냈습니다.

이러한 서경덕에게도 송도의 명기 황진이의 유혹을 물리쳤다는 유명한 여색경계 일화가 전해지고 있습니다. 대표적으로 『연려실기술』
에 실려있는 황진이가 서경덕을 유혹했다는 이야기를 살펴보겠습니다.

> 진랑은 개성의 여자 소경의 딸이다. 성품이 쾌활해서 남자와 같았으
> 며, 거문고를 잘 타고 노래를 잘하며, 일찍이 산수 간에 놀아 풍악으로
> 부터 태백산, 지리산을 지나 금성에 이르니, 그 고을 원님이 잔치를 베
> 풀어 감사를 대접하고 있었다. 노래하는 기생이 좌석에 가득한데, 진
> 랑이 떨어진 옷, 때 묻은 얼굴로 그 상좌에 나가 앉아서 이를 잡으며
> 태연히 노래하고 거문고를 타는데 조금도 부끄러워하지 않으니 여러
> 기생들이 기가 질렸다.
> 평생에 화담의 사람됨을 사모하여 매양 거문고를 메고 술을 걸러 화
> 담의 거처를 찾아 실컷 즐기다가 돌아가곤 했다. 매양 말하기를 "지족
> 선사는 30년 동안 벽을 쳐다보고 앉아서 공부했어도 역시 나에게 무
> 너졌지만, 오직 화담 선생은 여러 해 동안 친하게 지냈으나 마침내 어
> 지러운 지경에 이르지 않았으니 이는 진실로 성인이로다" 하였다. 일
> 찍이 화담에게 말하기를 "송도에 삼절이 있습니다" 하니, 공이 묻기를
> "무엇이 삼절인고?" 하였다. 진랑이 말하기를 "박연폭포와 선생과 나
> 입니다" 하니, 공이 웃었다.[154]

황진이가 서경덕의 인품을 사모하여 여러 해 동안 가깝게 지냈
으나 결코 음란한 지경에 이르지 않았다는 얘기입니다. 그래서 박연폭
포와 서경덕, 황진이를 송도의 삼절(三絶)이라 했다고 합니다.

이와 같이 서경덕도 비록 학문적으론 개방적인 성리학자였는지
모르나, 성의식에 있어서는 여타 도학자들처럼 도덕군자연한 태도를
벗어나지 못했습니다.

실행했다는 여인을 직접 징치한 조식

16세기 극단적 도학자들은 실행한 여자를 직접 징치하기도 했습니다. 양반 선비가 국가를 대신하여 성적으로 음란한 여성을 사적으로 제재하기 시작한 것입니다. 그 결과 이제 성은 도덕적 차원을 넘어 폭력과 두려움의 대상이 되어버립니다. 그 대표적 인물이 16세기 중반 실천적 도학자 남명 조식이었습니다.

조식(1501~1572)은 경상도 삼가현(경상남도 합천군 삼가면)에서 태어나 어려서부터 학문 연구에 열중했으나 평생토록 과거에 응시하지 않았습니다. 특히 그는 성리학자인 주자 등의 초상화를 직접 그려 병풍으로 만들어 수시로 펴놓고 자신을 독려했다고 합니다. 38세인 1539년 헌릉참봉에 임명되었으나 나아가지 않았고, 1549년에는 전생서 주부에 특진되었으나 나아가지 않았습니다. 이후로도 종부시 주부, 단성현감, 조지서 사지 등의 벼슬로 여러 차례 부름을 받았지만 모두 나아가지 않았습니다. 그럴수록 조식의 명성은 점점 높아져서 많은 문인이 그의 곁으로 모여들었습니다. 그의 대표적인 문인으로는 김우옹, 정구, 정인홍, 곽재우, 이제신, 김효원 등을 들 수 있습니다.

그는 학문을 단지 아는 데서 그치는 것이 아니라 무엇보다 실천을 중시했습니다. 일상생활 속에서도 철저하게 절제로 일관하여 불의와는 일절 타협하지 않았습니다. 그와 동시대에 살았던 퇴계 이황도 조식에 대해 "뜻이 높아 남에게 굽히지 않는 선비"라고 평가할 정도였습니다.

조식은 말년인 선조 1년(1568) 진주에 사는 진사 하종악의 후처 함안이씨의 실행 소문에 휘말려 큰 곤욕을 치렀습니다. 사건의 주인공 함안이씨는 하종악의 후처로 들어와 28세에 과부가 되었습니다. 이

남명 조식 영전

후 집안의 종과 음행을 저지른다는 소문이 돌았는데, 조식의 개입으로 옥사가 벌어져 몇 명의 사상자와 파직되는 자가 생겼습니다. 또 함안이씨의 배후 세력과 조식의 권력이 충돌하고, 음모설과 비호설이 제기되면서 치열한 공방이 벌어졌습니다. 그 결과 경상도 지역의 명사들뿐 아니라 중앙정계의 인사들까지 이 사건에 대거 휘말리게 되었습니다. 당시 이 사건에 연루된 인사들로는 조식, 이정, 정인홍, 오건, 정탁, 이황,

기대승, 유희춘, 선조 등 16세기 중·후반의 내로라하는 주요 인물들이었습니다. 이숙인 교수의 지적처럼 이 사건은 16세기의 주연급 인사들이 총출동한 한 편의 드라마를 연상케 합니다.[155] 더 나아가 이 사건으로 인해 조식의 문인 정인홍은 죽을 때까지 이황을 비난하고 공격했으며, 영남 선비들이 남인과 북인으로 분당하는 화근이 되기도 했습니다.

이러한 하종악 후처의 음행 사건의 전말은 『선조수정실록』 2년 (1569) 5월 1일조에 비교적 잘 나타나 있습니다.

> 경상감사가 남의 집을 헐어버린 진주 유생들에 대해 죄줄 것을 아뢰었다. 이보다 앞서 진주의 고 진사 하종악의 후처가 홀로 살았는데, 음행이 있다는 소문이 마을에 자자하였다. 처사 조식이 우연히 그 일을 자기의 문인 정인홍·하항 등과 말하게 되었는데, 정인홍 등이 감사에게 통보하여 옥사를 일으켜 다스리는 과정에서 몇 명이 죽었고, 조식은 또 자기 친구인 이정이 하종악 후처와 인척으로 그 일을 몰래 비호했다 하여 서신을 보내 절교하면서 그의 죄상을 낱낱이 거론하였다. 그리고 하항 등은 옥사가 제대로 성립되지 않은 것을 분하게 여겨 친구들을 데리고 하종악의 집을 헐어버렸는데, 감사는 하항 등을 잡아 가두었다. 그러자 홍문관이 차자를 올려 그들을 구원했고, 또 옥사를 성립시키지 못했다는 이유로 추관들이 사헌부의 탄핵을 받아 파직당한 자가 많았는데, 이 일로 인하여 조정의 논의가 분분하였다. 임금이 경연에 나아가 입시한 신하들에게 그 일에 대해 물으니, 대사헌 박응남 등이 아뢰기를,
> "집을 헐어버린 유생들은 바로 무뢰배들이지 유생이 아닙니다. 만약 그 죄를 다스리지 않으면 후일에 또다시 그러할까 염려됩니다."
> 하였고, 대신 홍섬도 논의를 옳게 여겼으나 그 일이 끝내 실행되지 않

았다. 영남 선비들이 집을 부수고 고을에서 몰아내는 풍습이 이때부터 생긴 것이다.[156]

　　이처럼 과부인 하종악의 후처가 실행했다는 소문이 있었는데, 조식과 그의 문인들이 경상감사에게 말하여 옥사를 일으켰습니다. 그 과정에서 몇 명의 사람들이 죽고, 조식도 친구인 이정과 절교하게 됩니다. 또 옥사가 제대로 이루어지지 않았다고 하여 조식의 문인들이 하종악의 후처에게 몰려가 훼가출향(毁家黜鄕), 즉 집을 헐어버리고 그녀를 마을에서 내쫓아버립니다. 조식과 그의 문인들은 소문의 진위 여부와 관계없이 실행했다는 소문만으로 사적인 징치를 가해버린 것입니다. 나아가 이 사건을 계기로 영남 선비들이 실행한 여자의 집을 부수고 고을에서 몰아내는 풍습이 생겼다고 합니다. 16세기 경상도의 도학자들이 여성의 정절을 얼마나 완고하게 강조했는지 잘 보여준다고 하겠습니다.

10장
퇴계와 율곡의 정신적 사랑

왜 퇴계와 율곡의 성의식인가?

퇴계와 율곡은 주자의 성리학을 집대성하고 토착화하여 조선 유학계의 쌍벽을 이룬 거두였습니다. 두 사람은 오늘날까지도 우리에게 많은 영향을 미치고 있습니다. 또 퇴계와 율곡에 이르러 우리나라의 성의식도 큰 변화를 이루게 됩니다. 그들에 의해 성의 역사에서 부부의 성을 중시하는 부부 중심적 성의식과 육체적 성보다 정신적 사랑을 중시하는 풍조가 생겨났습니다. 그러므로 이들의 성의식에 대해 별도로 자세히 살펴볼 필요가 있습니다.

퇴계의 개방적이고 유연한 성의식

퇴계는 그의 초상화에서 연상되듯이 깐깐하고 엄격한 유학자로 알려져 있습니다. 또 성을 멀리하고 금욕적인 생활을 하며 평생 동안 학문에만 몰두했을 것처럼 생각하고 있습니다. 하지만 퇴계는 그런 이

퇴계 이황 초상화 표준 영정

미지와는 달리 매우 개방적이고 유연한 성의식을 갖고 있었습니다. 그
것은 다른 무엇보다 퇴계의 성 관련 문헌설화와 구비설화에 잘 나타나
있는데, 그것들을 토대로 퇴계의 개방적이고 유연한 성의식을 살펴보
도록 하겠습니다.

먼저 문헌설화에 나타난 퇴계는 인간의 성욕을 도덕적으로 바
라보며 금기시하는 것이 아닌 자연스럽게 바라보며 인정하는 편이었
습니다. 대표적으로 『기이재상담』에 들어 있는 퇴계와 조식의 성 관련
설화를 통해 퇴계의 유연한 성의식을 살펴보도록 하겠습니다.

조선 명종 때 영남의 퇴계 이황 선생은 도덕과 명망이 나라의 으뜸이었다. 그때 남명 조식 선생 또한 퇴계 선생과 명망을 나란히 하였다. 선비 아무개가 두 선생의 덕을 시험해 보고자 해진 옷에 짚신을 신고 머리에는 유학자들이 쓰는 복두를 쓰고서, 먼저 남명 선생을 방문했다. 그는 서서 고개 숙여 읍만 하고 큰절은 하지 않으며, 방자하게 두 다리를 뻗고 앉아 묻는 것이었다.

"선생께 가르침을 받고자 왔습니다. '보지(保之)'가 도대체 무엇입니까?"
남명은 얼굴을 찌푸리며 상대하지 않았다. 선비가 다시 물었다.

"그럼 '자지(刺之)'는 무엇입니까?"
남명은 버럭 화를 내며 제자들을 시켜 그를 내쫓고는,
"미친놈이다. 다시는 오지 못하게 해라!"
하였다.

선비는 남명 선생 집을 나와 이번에는 퇴계 선생을 방문하였다. 퇴계 선생 집에서도 역시 절을 하지 않고 두 다리를 쭉 뻗고 앉아 퇴계 선생에게 대뜸 묻기를,

"보지가 무엇입니까?"
하자, 퇴계 선생이
"걸어 다닐 때 잘 감추어져 있는 것으로, 보배롭지만 사고파는 것은 아니지."
라고 했다. 그러자 선비는 다시
"자지는 무엇입니까?"
하니, 선생이 말하였다.
"앉으면 꼭 숨는 놈으로, 찌를 수 있지만 무기는 아니지."
선비는 퇴계 선생의 덕이 남명 선생보다 뛰어남을 알았다.[157]

조식은 성에 관한 용어를 입에 담는 것조차 부끄러워하며 질문하는 선비를 당장 내쫓아버릴 정도로 고결하고 엄격한 도학자였습니

다. 반면에 이황은 그에 대해 아무렇지도 않게 여기며 위트 있게 잘 설명해줄 정도로 유연하고 인간미 있는 도학자였습니다.

구비설화에서의 퇴계는 성에 대해 더욱 적극적이고 노골적인 태도를 보여주고 있습니다. 다음은 『한국구비문학대계』에 채록된 '율곡과 퇴계의 부부생활'이라는 설화입니다.

> 퇴계와 율곡의 제자들이 모여 얘기하고 있었다. 그런데 갑자기 두 분의 부부생활이 궁금해졌다. 두 분은 성현이라 당연히 부부생활도 점잖을 거라 생각한 것이다. 허나 알고 보니 퇴계의 부부생활은 난잡스러웠다. 반면에 율곡은 평소처럼 밤에도 도덕군자답게 의관을 반듯이 차리고 부인을 대하였다. 퇴계의 제자들은 도저히 참을 수 없어 다음 날 스승을 찾아가 그 연유를 물었다. 그러자 퇴계가 대답하는 것이었다. "남녀관계란 음양이 서로 합하는 것이라 점잖게 하면 안 되느니라. 아마도 율곡은 후사가 없을 것이로다."
> 율곡은 과연 그랬다고 한다.[158]

퇴계와 율곡의 제자들을 가상으로 설정하여 그들 부부의 성생활을 비교해서 보여주고 있습니다. 퇴계는 부부생활이 난잡스럽고, 율곡은 도덕군자처럼 점잖다는 것입니다. 특히 퇴계는 남녀관계란 음양이 결합하는 것이라 요란할 수밖에 없으며, 그렇기 때문에 율곡은 아마 후사가 없을 것이라고 걱정(예언)하고 있습니다. 실제로 율곡은 부인과의 사이에서는 자식이 없었고, 소실(첩)에게서 아들 둘과 딸 하나를 두었습니다.

심지어 퇴계는 밤마다 부인에게 토끼와 같이 굴어 '낮퇴계 밤

토끼'라는 말이 있을 정도였습니다. 참고로 토끼는 수컷 1마리가 암컷 100마리를 상대할 정도로 성욕이 아주 왕성한 동물로 알려져 있습니다. 다음 내용도 『한국구비문학대계』에 채록된 '퇴계 선생과 그 부인'이라는 설화입니다.

> 퇴계 선생은 낮엔 의관을 차리고 제자들을 가르쳤지만, 밤에는 부인에게 꼭 토끼와 같이 굴었다. 그래서 '낮퇴계 밤토끼'라는 말이 생겨났다.**159**

퇴계는 낮엔 점잖은 학자였으나 밤에는 토끼처럼 성을 밝혔다는 말입니다. 퇴계의 솔직하고 인간적인 성의식을 잘 보여주는 설화가 아닐까 합니다.

퇴계의 성에 대한 개방적이고 유연한 태도는 과부 며느리를 개가시키는 설화에서도 확인할 수 있습니다. 퇴계의 며느리 개가담은 문헌설화와 구비설화 등 7편 정도가 발견되는데, 대표적으로 『동패락송』에 수록된 '과부가 된 며느리를 시집보낸 이황'이라는 문헌설화를 살펴봅시다.

> 퇴계 선생의 맏아들(실제론 둘째 아들)은 자식을 두지 못하고 요절하였다. 과부가 된 며느리는 곧 9대 독자의 딸이었다. 퇴계 선생은 자식의 죽음을 슬퍼하였을 뿐만 아니라 과부가 된 며느리를 더욱 안쓰러워하였다.
> 퇴계 선생은 혼자된 며느리를 친정으로 돌려보내면서 타일렀다.
> "너를 보자 하니 굳은 정절에 흠이나 가지 않을까 생각하고 있는 듯하

구나. 그러나 너는 9대 독자의 딸인데, 내 집에서 손이 끊기게 되는 것을 내 차마 볼 수가 없다. 그러니 너는 다시 내 집에 돌아와서는 안 되느니라. 다만 친정 부모님께서 시키는 대로 하거라."

그로부터 수십 년이 지난 뒤에 퇴계 선생이 우연히 단성 땅을 지나가다가 길가에 있는 양반 집에서 묵게 되었는데, 주인의 대접이 후하였다. 저녁상을 내왔는데 음식이 정갈하고 반찬 가지 수가 많았으며, 맑은 간장을 큰 보시기에 가득 담아 가지고 왔다.

내심 의아한 생각이 들어 주인의 사돈댁에 대해 물으니, 아무개 집의 딸이라고 했다. 퇴계 선생은 그제서야 과부가 된 며느리가 그 집에 개가한 것을 알고 그 집에 묵게 된 것을 몹시 후회하였다. 퇴계 선생은 맑은 간장을 잘 드셨던 것이다.[160]

퇴계의 맏아들이 자식을 두지 못하고 요절하자, 퇴계가 며느리의 처지를 안쓰러워하며 친정으로 돌려보내 개가시켰다는 것입니다. 기존 연구에서는 퇴계의 두 아들 이준과 이채 중 요절한 이는 둘째 아들 이채이고, 그는 결혼 전에 이미 요절했으므로 이 설화는 사실과 완전히 다르다고 했습니다. 그러나 위의 이야기에서 맏아들을 둘째 아들로만 바꾸면 어느 정도 사실과 부합하는 듯합니다. 이채는 분명히 장가가서 6년 정도 살았고, 그 친정에서 자식 없이 과부로 사는 딸을 개가시켰다고 했기 때문입니다.[161] 비슷한 시기 안동에서 살았던 '원이엄마의 한글편지'의 주인공 원이엄마도 남편 이응태가 죽은 후 아들을 데리고 다른 집안에 개가하지 않았잖습니까? 16세기만 해도 여전히 일부 집안에선 과부가 된 딸을 개가시키곤 했던 것입니다. 이와 같이 퇴계는 정절 같은 성리학적 예교에 얽매이지 않고 며느리를 개가시킬 정도로 개방적이고 유연한 태도를 갖고 있었습니다.

부부간 예를 중시하다

　퇴계는 부부간 예를 중시하는 전형적인 성리학적 부부관을 갖고 있었습니다. 성리학에선 부부를 인륜(도덕)의 시작이자 군자의 도를 실현하는 첫걸음으로 보았습니다. 그래서 항상 부부간의 예의를 중시하며 마치 손님처럼 서로 공경하는 마음으로 대하도록 했습니다.

　실제로 퇴계는 부부생활에서 아내에게 예를 다하는 군자다운 면모를 보여주었습니다. 퇴계는 21세 때 김해허씨와 결혼하여 23세에 맏아들 이준을 낳고, 27세에 둘째 아들 이채를 낳았습니다. 하지만 허씨는 이채를 낳고 나서 산후병으로 죽고 말았습니다. 퇴계는 30세에 권질의 딸 안동권씨를 재취로 맞이했는데, 그녀는 정신이 혼미한 지적장애인이었습니다. 전해오는 말로는 안동으로 귀양을 온 권질이 찾아와 과년한 딸이 정신이 혼미하여 아직까지 출가하지 못했다면서 아내로 맞아줄 것을 청하자, 퇴계는 별다른 거리낌 없이 승낙했다고 합니다. 자신의 인품을 믿고 과년한 딸을 간곡히 부탁했는데 거절하는 것은 예가 아니요, 조선 시대엔 장애에 대한 편견과 차별의식이 현대에 비해 그리 심하지 않았기 때문입니다.

　하지만 지적장애를 가진 권 씨는 자주 실수를 저질렀습니다. 제사상을 차리던 도중 상 위에 떨어진 배를 집어 치마 속에 감추었다거나, 흰 상복을 다림질하던 도중 잘못하여 구멍이 나자 붉은 천을 대고 기워줬다는 일화가 전해집니다.

　권 씨와 함께 산 16년여 동안 퇴계는 마음이 극히 괴롭고 심란하여 차마 견디지 못할 지경에 이른 적도 있었습니다. 그럼에도 마음

내키는 대로 행동해서 부부간의 윤리를 저버린 적은 결코 없었습니다. 이러한 퇴계가 겪은 부부생활의 어려움은 그가 세상을 떠나기 1년 전인 1569년(69세) 제자 이함형에게 보낸 편지에 잘 나타나 있습니다. 이 편지는 『퇴계집』 권37에 실려있는데, 그 가운데 퇴계의 부부생활 부분만 살펴보도록 하겠습니다.

> "나는 두 번 장가를 들었는데, 하나같이 아주 불행한 경우를 만났지. 이러한 처지에서도 나는 감히 박절하지 않고 애써 아내를 잘 대해준 것이 수십 년이었네. 그동안 마음이 몹시 괴로워 견디기 어려운 적도 있었네. 그래도 어찌 마음 내키는 대로 행동해서 부부간의 큰 인륜을 저버리고 홀어머니께 걱정을 끼칠 수 있었겠는가."[162]

퇴계는 김해허씨와 안동권씨 두 아내와 혼인했는데, 두 번 다 힘든 부부생활을 했다고 솔직히 토로합니다. 심지어는 마음이 몹시 괴로워 참기 어려운 적도 있었다고 말합니다. 아마 두 아내가 몸이 좋지 않아 살림을 제대로 주관하지 못했을 뿐만 아니라 지적 수준의 차이에 의한 소통의 어려움으로 인해 부부생활이 힘들지 않았을까 추정됩니다. 그럼에도 퇴계는 두 아내를 박대하지 않고 예로써 최선을 다했다고 말합니다.

실제로 퇴계는 권 씨가 아무리 정신이 혼미하여 살림을 제대로 주관하지 못할지라도 결코 무시하거나 소외시키지 않았습니다. 또 그의 나이 46세에 권 씨가 먼저 세상을 떠났을 때도 두 아들을 시켜 예법에 따라 장례를 치르게 하고, 상복도 친부모와 같이 적모복을 입도록 했습니다. 더 나아가 권 씨 무덤의 산기슭에 여막을 지어 시묘살이를 하게 하고, 자신도 건너편에 '양진암'이라는 작은 암자를 지어 1년 여 동안 그 넋을 위로해주었습니다. 퇴계는 권 씨가 죽고 나서도 부부 의 예를 다했던 것입니다.

그렇다고 해서 퇴계가 오늘날 같은 일부일처제를 주장하거나 부부 중심의 성만 고집한 것은 아니었습니다. 퇴계도 다른 양반사대부 들처럼 부인 이외에 따로 첩을 두고 있었습니다. 지금까지는 별로 알려 지지 않았지만, 퇴계는 허 씨 부인이 둘째 아들 이채를 낳고 죽자 그 아 들의 유모를 창원에서 데려왔는데, 그녀가 바로 퇴계의 소실이 되어 평 생 동안 함께 살았고, 서자 이적을 낳기도 했습니다.[163] 또한 퇴계는 아 래에서처럼 중년에 단양군수가 되었을 때는 그곳의 기녀 두향과 신분 을 초월한 사랑을 나누기도 했습니다.

두향에 대한 정신적 사랑

둘째 부인 권 씨를 잃은 뒤 퇴계는 단양의 기녀 두향과의 사랑에 빠집니다. 퇴계는 권 씨와 사별한 지 2년 뒤인 48세에 충청도 단양군 수로 부임합니다. 그때 단양의 관기였던 두향은 나이 18세로 가야금을 잘 타고 노래를 잘 불렀으며, 매화와 난초를 매우 좋아했습니다. 자연 히 두 사람은 신분과 나이를 초월하여 가까워질 수밖에 없었습니다. 특 히 매화는 두 사람의 관계를 이어주는 정신적인 매개체였습니다.

퇴계와 두향은 자주 남한강변의 강선대 위에서 거문고를 타고 시를 읊으며 즐거운 시간을 보냈습니다. 하지만 두 사람의 사랑은 불과 9개월 만에 끝날 수밖에 없었습니다. 퇴계의 넷째 형 이해가 충청감사 로 부임해오면서, 형제가 같은 고을에서 근무한다는 혐의를 피하기 위

해 인근 고을인 경상도 풍기군수로 옮겨간 것입니다. 이후로도 두 사람
은 직접 만나지는 못하고 멀리서 서로를 그리워하는 정신적인 사랑을
나누었던 듯합니다.

이러한 퇴계와 두향의 러브스토리는 지금껏 야사로만 전해졌는
데, 근래 관련 자료들이 계속 발견되면서 점차 사실로 받아들여지고 있
습니다. 조선 시대 여러 문인도 강선대 바위 아래에 있는 두향 묘를 참
배하고 시를 남겼는데, 대표적인 작품을 살펴보도록 하겠습니다.

수촌 임방(1640~1724)은 단양군수 시절에 두향 묘를 둘러보고
서(序)와 시를 남겼는데, 두향의 존재와 행적, 무덤의 위치 등이 잘 나
타나 있습니다.

> 두향은 단양의 기생이다. 가야금을 잘 타고 노래를 잘 부르고 춤을 잘
> 췄다. 20살의 나이에 일찍 죽었는데, 강선대 맞은편 산기슭에 묻어달
> 라고 유언하였다. 아마도 그녀가 죽을 때까지 손님들을 따라 놀며 즐
> 기던 곳을 죽어서도 잊을 수 없기 때문이었으리라.

> 한 덩이 외로운 기생의 무덤,
> 강선대 아래 흐르는 초강 머리에 있네.
> 꽃다운 혼백, 풍류 빛을 보상코자 하여,
> 절경에다 명기를 명승에 묻었네.[164]

두양(두향)은 단양의 명기로, 가야금을 잘 타고 노래도 잘하고
춤도 잘 췄다고 합니다. 하지만 20세에 요절하면서 평소 손님들과 함
께 놀며 즐기던 강선대 맞은편 산기슭에 묻어달라고 유언했다고 합니
다. 이로 미루어보면 두향은 꼭 퇴계하고만 인연을 맺었던 것도 아니

며, 20세에 일찍 죽었음을 알 수 있습니다. 퇴계가 두향과 9개월간의 짧고 강렬한 사랑을 나눈 후에 더 이상의 연락이나 만남 없이, 더 나아가 그녀가 죽은 이후에도 계속 매화를 통해 정신적으로 사랑했던 이유도 여기에 있었던 듯합니다.

그런데 김윤식, 정비석을 비롯한 후대 사람들은 일부종사의 열녀 의식과 퇴계에 대한 추앙의식에 사로잡힌 채 두향을 더욱 극적으로 각색했습니다. 퇴계와 헤어진 후 두향은 기녀에서 벗어나 강선대가 굽어 보이는 단양의 적성산 기슭에 움막을 짓고 평생을 홀로 살았고, 퇴계가 세상을 떠나자 두향도 거문고와 서책 등을 모두 불태우고 스스로 목숨을 끊었다는 것입니다. 그래서 지금도 퇴계의 후손들과 유학자들은 퇴계 묘소에 제사를 지내고 나면 단양의 강선대에 가서 두향 묘에 참배한다는 것입니다. 하지만 위에서처럼 오히려 퇴계가 두향을 좋아해서 죽을 때까지 매화를 통해 정신적 사랑을 했다고 봐야 할 듯합니다.

이와 같이 퇴계는 부부간의 예를 중시하며 상대에게 최선을 다하기는 했지만, 그렇다고 꼭 오늘날 사람들처럼 일부일처제를 고집하지 않고 첩 창원댁을 두거나 기녀 두향과의 정신적 사랑에 빠지기도 했습니다. 그만큼 퇴계는 여타 도학자와 달리 성에 대해 개방적이고 유연한 사고를 했던 것입니다. 오늘날 성에 대해 보수적인 사람들은 이러한 퇴계의 모습들이 그의 성인군자다운 이미지를 망치지나 않을까 걱정할지도 모르겠지만, 오히려 이러한 융통성 있고 인간적인 모습이 퇴계의 진면목이 아닐까 합니다. 그러므로 이를 억지로 숨기려 하지 말고, 오히려 좀 더 많이 알렸으면 합니다.

이이의 금욕적인 성의식

율곡 이이(1536~1584)는 앞에서처럼 퇴계 이황과 함께 조선 성리학의 쌍벽을 이루었습니다. 이황이 성리학을 체계화했다면, 이이는 조선의 성리학을 토착화한 것으로 평가받고 있습니다. 1575년 제왕학의 지침서인 『성학집요』를 저술해 선조에게 올렸고, 1577년에는 어린이 교육을 위한 『격몽요결』을 편찬했습니다. 『성학집요』는 사림들의 성리학적 경세론에 대한 결실을 맺은 것이고, 『격몽요결』은 사림들의 『소학』 연구를 일단락지은 것이라 할 수 있습니다. 또한 성리학의 기본 경서인 사서(四書: 대학, 중용, 논어, 맹자)를 최초로 언해했는데, 전체 사서삼경에 대한 언해는 동료 사림들에 의해 1588년에 완성되었습니다. 나아가 이이는 1583년 병조판서가 되어 선조에게 '시무육조'를 지어 바치며 십만양병설 등의 개혁안을 주장하기도 했습니다. 그러고는 이듬해 1584년 1월 16일 49세의 비교적 젊은 나이에 서울 대사동에서 세상을 떠났습니다.

이이는 성에 있어서 누구보다 도덕군자요 금욕주의자였습니다. 실제로 그는 평소 수양에 의한 성욕 억제를 주장했습니다. 이는 그의 문집인 『율곡집』 '어록' 하편에 잘 나와 있습니다.

이경진이 평소 색욕이 자주 발동하여 억제하기 어려운데 어찌하여 이 생각을 없이할 수 있겠는가고 물으니, 율곡이 말하였다.
"이것은 별다른 공부가 있는 것이 아니다. 다만 마음에 일정한 주견이 있어, 글을 읽으면 이치를 연구하는 데에 전심하고, 일을 당하면 실천하는 데에 전심하며, 일이 없을 때에는 고요한 가운데 수양을 쌓아서,

율곡 이이 초상화

항상 참마음을 잊을 때가 없게 한다면, 색념이 자연 발동하지 못하게 되며, 만약 발동하더라도 반드시 살펴 깨닫게 될 것이니, 살펴 깨닫는다면 색념은 자연 물러가게 될 것이다. 그렇지 않고 마음을 놓아 소홀히 하고서 색념에 따라다니며 싸우려 한다면, 아무리 힘을 많이 들인다 하더라도 흙으로 풀을 덮는 것과 같아서 덮으면 덮을수록 풀은 더 나오게 될 것이다."[165]

이경진이라는 자가 색욕, 즉 성욕을 억제할 방법에 대해 묻자, 이이가 그것은 마음에 중심이 없어서 '참마음'을 잊어버렸기 때문이라고 합니다. 평소 수양해서 참마음을 깨닫는다면 자연히 성욕이 발동하지 않으리라는 것입니다. 과연 이이는 전형적인 성리학적 성욕관을 갖고 있었던 것입니다.

심지어 이이는 부부 사이에서도 성욕을 삼가고 예법을 지킬 것을 주장했습니다. 후대의 이덕무는 『사소절』 '성행' 편에서 부부간 금욕과 예법에 대한 이이의 지적을 이와 같이 채록해놓았습니다.

> 율곡 선생은 이렇게 말했다.
> "오늘날 학자들은 밖으로는 비록 조심하는 기색이 있으나, 안으로는 독실한 마음을 갖는 자가 적다. 부부 사이의 잠자리에서 흔히 정욕(성욕)을 삼가지 않아 그 위엄을 잃는다. 그러므로 부부가 친압하지 않고 서로 공경하는 일이 매우 적다. 이러고서 몸을 닦고 집안을 다스리려 하면 어렵지 않겠는가? 반드시 남편은 화순하면서 의리로 제어하고, 아내는 순종하면서 바른 도리로 받들어야만 집안일이 잘 다스려질 수 있다.
> 만일 평소 서로 친압해오다가 하루아침에 갑자기 서로 공경하려 한다면 그 형세가 그렇게 하기 어려운 것이다. 그러므로 남편은 모름지기 아내와 서로 경계하여 종전 버릇을 반드시 버리고 점차 예법의 경지로 들어가는 것이 옳다. 아내가 만일 나의 발언과 몸가짐이 한결같이 올바름을 본다면 반드시 점차 서로 믿고 순종할 것이다."[166]

이렇게 이이는 부부 사이에서도 정욕(성욕)을 삼가야 그 위엄을 잃지 않으며, 또 남편은 의리로 제어하고 아내는 그에 순종해야만 집안이 잘 다스려지고 부부 사이도 예법의 경지로 들어간다고 보았습니다. 확실히 이이는 성에 대해 금욕적이고 예법을 중시하는 도학자적 성향이 매우 강했던 것입니다.

순수한 정신적 사랑 추구

성리학은 앞에서처럼 천리와 인욕을 구분하여 인욕을 제거할 것을 주장했습니다. 다시 말해 정신과 육체를 이분화한 뒤 정신에 의해 육체가 통제되어야 한다고 여겼습니다. 그에 따라 조선에서도 16세기 이후 성이 도덕화되고 금욕주의가 심화하면서 육체적 사랑보다 정신적 사랑을 추구하는 경향이 생겨났습니다. 사실 앞에서 퇴계도 두향과의 사랑에서는 육체적 관계보다 매화를 통한 정신적 사랑을 추구하는 면이 더욱 강했습니다. 하지만 정신과 육체를 분리한 뒤 본격적으로 정신적 사랑을 추구하기 시작한 대표적인 인물은 바로 이이였습니다. 이이도 퇴계처럼 말년에 기녀 유지와 사랑에 빠지는데, 정욕을 품지 않은 그야말로 순수한 정신적 사랑을 보여주었습니다.

이이가 유지를 처음 만난 건 39세인 1574년경 황해도 관찰사가 되어 황주 관아에 머물 때였습니다. 당시 그녀는 황해도 황주 기녀로 16세도 채 되지 않았는데, 용모와 자태가 매우 아름다웠습니다. 이이가 앞으로 다가오라고 불렀더니, 고개를 숙이고 얼굴을 들지 못했습니다. 출신 성분을 물어보니, 본래 선비의 딸이었으나 어머니가 기적에 있었기 때문에 황주 소속의 기녀가 되었다고 합니다.

당시 이이는 유지를 어루만지면서 어여쁘게 여기기는 했으나, 결코 정욕을 품지는 않았다고 합니다. 그는 이미 부인 이외에 첩도 둘씩이나 두고 있었기 때문입니다. 원래 이이는 부인 노 씨와의 사이에서 아들은 없고 딸 하나를 낳았으나 그마저 어렸을 때 잃고 말았습니다. 첩 이 씨를 얻었는데 그녀 역시 아들을 낳지 못했습니다. 다시 첩 김 씨를 들여 1남 1녀를 낳았는데, 뒤이어 첩 이 씨도 아들을 낳았습니다. 결

국 이이는 첩들을 통해 2남 1녀를 낳은 것입니다.[167]

　　그로부터 8년이 지난 1582년 이이는 명나라 사신을 맞이하는 원접사로서 관서지방을 왕래합니다. 그때도 유지에게 방안에서 시중을 들게 했으나 단 한 번도 그녀를 가까이하지는 않았습니다. 이듬해인 1583년 가을 이이는 황주에 있는 누님에게 문안하러 갈 때도 해주에 들러 유지와 함께 여러 날 동안 술잔을 기울였습니다. 이때 그녀는 이이가 머물러 있는 절에까지 따라와 전송해주었습니다. 이이가 다시 작별하고 떠나 밤곳이 강마을에서 하룻밤을 묵게 되었는데, 밤중에 어떤 사람이 찾아와 문을 두드리기에 나가보니 바로 유지였습니다.

　　이날 밤 두 사람은 촛불을 밝히고 밤늦게까지 이야기를 나누었습니다. 하지만 지나가는 길손들이 혹시나 자신과 유지가 잠자리를 같이하지는 않았을까 의심하게 된다면 이 조선 최고의 미인에게 더욱 안타까운 일이 될 듯했습니다. 그래서 이이는 〈유지사(柳枝詞: 유지의 노래)〉를 지어 유지와의 인연이 정에서 시작하여 예의에서 그쳤음을 밝혀놓았습니다.[168] 그 가운데 이날 밤 두 사람이 함께 지냄은 한없이 맑고 깨끗한 그야말로 정신적 사랑에 그쳤음을 애써 밝히는 대목만 살펴보겠습니다.

　　　　문을 닫아 걸면 인이 아니고
　　　　잠자리를 같이하면 의가 아니라
　　　　병풍도 치워놓고 같은 방에서
　　　　다른 침상 다른 이불 덮고 누웠네

　　　　그 사랑 다 못하고 일이 어긋나
　　　　밤새도록 촛불을 밝혀두었네

하늘을 속일 수는 없는 것이니
깊숙한 방 속까지 보고 계시네
혼인할 좋은 시기 놓쳐버리고
차마 어찌 남모르게 관계를 하랴.[169]

비록 한 방에서 지내긴 했지만 다른 침상에서 다른 이불을 덮고 잤으며, 밤새도록 촛불도 켜두었다는 것입니다. 그러면서 이이는 사람들에게 여색을 경계하고 정신적 사랑을 하도록 강조하고 있습니다. 그것을 너무 지나치게 강조하여 마치 성에 대한 결벽증을 가진 사람처럼 느껴지기조차 합니다.

그로부터 4개월여 뒤인 이듬해 1584년 1월 이이는 병환으로 세상을 떠났습니다. 하지만 이이에 대한 유지의 정신적 사랑은 결코 끝나지 않았습니다. 그녀는 이이가 세상을 떠나자 3년 동안 상복을 입었고, 위와 같은 이이의 〈유지사〉를 첩으로 만들었을 뿐 아니라 황주를 지나는 사대부들에게 화답을 요청하기도 했습니다. 대표적으로 상촌 신흠(1566~1628)이 유지가 만든 시첩에 화답을 써주면서 지은 서문을 살펴보겠습니다.

유지는 황주의 기생이다. 일찍이 기생이 되었는데 재주와 용모가 빼어났다. 율곡 이이 선생이 원접사로서 황주를 지날 때 그 고을의 원님이 유지에게 선생을 모시게 했다. 선생이 그 재주와 용모를 어여삐 여겨 더불어 거처하면서도 어지럽힘이 없었으며, 사(詞) 한 편을 지어주었다. 선생이 세상을 떠나자 유지가 선생을 추모하기를 마지아니하면서, 이 사를 첩으로 만들고 황주를 지나 서쪽으로 가는 지체 높은 사대부들을 찾아가 화답을 요청하지 않음이 없었다. 기유년(1609) 겨

율곡 이이, 〈유지사〉 이화여자대학교 박물관 소장

울에 내가 북경으로 가다가 황주를 지날 때 유지가 또다시 찾아와서
화답을 요청하므로 내가 절구를 지었다.[170]

이처럼 유지는 이이가 세상을 떠난 지 25년이 지난 1609년에도
여전히 첩으로 만든 〈유지사〉를 들고 다니며 사대부들에게 화답을 요
청했음을 알 수 있습니다.

하지만 아쉽게도 〈유지사〉와 화답시는 이이의 문집에 수록되지
못했습니다. 이이의 문집 초고본에는 실렸으나, 숙종대의 학자 이지겸
이 "이러한 글들이 비록 선생의 성대한 덕에 누가 된다고 말할 수는 없
으나, 또한 후세에 가르침을 줄 수 있는 일이 아니니…"라고 주장하면
서 삭제해버렸습니다.[171] 조선 후기에 이르러 성에 대한 도덕화와 금욕
주의가 더욱 팽배해지면서 그러한 율곡과 유지의 순수한 정신적 사랑
마저 부끄러운 일로 치부된 것입니다.

11장
양생을 통한 간접적 성통제

양생과 금욕주의

조선의 성통제는 사상, 법과 제도, 담론(이데올로기)만이 아니라 양생, 즉 건강법의 측면에서도 이루어졌습니다. 푸코는 『성의 역사 2: 쾌락의 활용』에서 권력은 성을 직접적으로 통제하는 것이 아니라 육체의 건강법이나 장수의 비법, 건강한 자녀를 낳고 기르는 방법 같은 양생술을 통해 간접적으로 성을 통제한다고 주장했습니다.[172] 내가 보기에도 사람들은 누군가의 직접적인 억압보다는 자기 몸을 보호하고자 하는 마음에 자연스럽게 성의 도덕주의나 금욕주의를 따르고 실천하는 듯합니다. 이 장에서는 조선 중기 이후 성리학자의 양생론과 성통제 방식에 대해 집중적으로 살펴보도록 하겠습니다.

16세기 성리학자의 양생론

앞에서처럼 선진유학에선 기본적으로 성욕을 인정했습니다. 예컨대 공자는 『논어』 「팔일」 편에서 "낙이불음(樂而不淫)", 즉 즐거워 하되 음란한 데까지 나아가지 말라고 했을 뿐입니다. 하지만 정이, 정호 등 성리학자들은 남녀 간의 예교를 중시하고, 천리와 인욕을 구분하여 인욕, 즉 성욕을 제거하라고 했습니다. 특히 주자는 "존천리 거인욕(存天理去人欲)", 즉 인욕을 완전히 없애고 천리를 회복해서 도덕군자가 되라고 했습니다. 이전과 달리 철저한 성의 금욕주의를 내세운 것입니다.

우리나라에서도 성리학이 뿌리내리기 이전인 조선 전기만 해도 성욕을 억제하는 금욕주의적 의식은 존재하지 않았습니다. 남녀의 성욕은 본능적이고 자연스러운 것으로 있는 그대로 인정하는 편이었습니다. 그러다가 16세기 성리학자이자 도학자인 사림파가 등장하면서 성욕에 대한 억압이 심해지기 시작했습니다. 그 주요한 방식이 바로 양생, 특히 성 양생법이었습니다.

저자의 이전 저서인 『조선의 양생법』[173]에서도 얘기했듯이, 양생(養生)이란 '섭생'이라고도 하는데 몸과 마음을 건강하게 해서 오래 살기를 꾀한다는 것이었습니다. 그 대표적인 양생법으로는 마음, 성(性), 음식, 신체, 도인술, 복식(服食), 양로술 등을 들 수 있습니다. 현대인은 건강이라고 하면 음식이나 운동 같은 신체적 건강을 중시하지만, 조선 시대 사람들은 마음이나 성 같은 정신적 건강을 더욱 중시했습니다. 그중에서도 성욕을 억제하여 정기를 보존하는 금욕을 무엇보다 강조했습니다.

지금까지 우리는 별로 주목하지 못했지만, 16세기 성리학자는 물론 조선 후기 학자들 사이에서도 양생은 매우 유행했습니다. 그들은 양생에 대한 관심과 실천뿐 아니라 자신들만의 양생론을 펼치기도 했

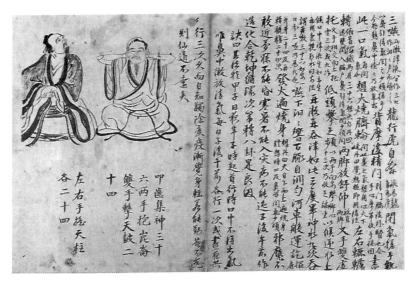

이황, 〈도인도〉 『활인심방』

습니다. 우선 16세기 대표적인 양생론자로는 이문건, 이황, 유성룡, 김인후, 유희춘 등을 꼽을 수 있습니다.

이문건은 질병을 치료하기 위한 의학만이 아니라 건강관리를 위한 양생서도 함께 공부했습니다. 그의 『묵재일기』를 보면, 그가 소장하거나 남에게 빌려본 20여 종의 의서 중에는 『주역참동계』, 『식료찬요』, 『삼원연수참찬서』, 『양로서』, 『활인심방』 등 다수의 양생서가 포함되어 있습니다. 또한 그는 대추엿이나 솔잎 같은 약이 되는 음식을 복용하거나 도인술 같은 건강체조, 기의 순환을 돕기 위한 머리 빗기 등 여러 가지 양생법을 실천하기도 했습니다.[174]

퇴계 이황도 의학에 깊은 관심을 갖고 공부하여 자신의 몸을 지킴은 물론 주변 사람들의 병을 치료해주기도 했습니다. 또한 그는 양생에도 관심이 많았는데, 그 대표적인 사례가 명나라 주권이 지은 의서이자 양생서인 『활인심』 상·하 2권 중 상권을 베껴서 『활인심방』을 만든 것입니다. 『활인심방』은 마음 위주의 양생법으로, 마음을 다스리는 것이 건강 장수의 비결이라고 했습니다.

퇴계의 문인 서애 유성룡도 의술 중에서 침술에 밝았으며, 퇴계처럼 다른 무엇보다 중요한 양생법으로 마음을 기르는 '양심(養心)'을 들었습니다.

16세기 대표적인 학자이자 영의정까지 오른 소재 노수신도 자신의 문집 『소재집』 내집 하편에 양생론을 자세히 소개해놓았는데, 그 역시 양생의 근본은 치심(治心), 즉 마음을 다스리는 데 두었습니다.[175] 이와 같이 16세기 성리학자들은 양생에서 무엇보다 마음 수양을 중요시했습니다.

반면에 하서 김인후는 양생에서 무엇보다 중요한 것으로 정(精: 정액)의 보존을 꼽았습니다. 양생의 제1원칙은 정액을 유지·보존하는 것이고, 그다음이 마음을 편안히 하는 것이라고 했습니다. 이러한 김인후의 양생론은 『하서전집』 권3 '제양생서'라는 시에 잘 나타나 있습니다.

> 진실로 양생법을 논한다면
> 정액을 굳히는 게 제일이라네.
> 마음을 함부로 피로케 말고
> 행동거지는 일정한 규칙이 있도록.
> 음식조절을 착실히 못 할 경우에는
> 온갖 병이 이로부터 들어간다네.
> 사사로움을 이겨 조식법(호흡법)으로 회복하고

하늘을 향해 땅의 기운이 응한다면
해와 달, 별이 기울어도 안 늙을 텐데.
어찌 일백팔십 살만 살겠는가.[176]

이처럼 김인후는 양생법에서 성을 가장 중요시했습니다. 그와 함께 마음, 신체, 음식, 호흡 등의 양생법을 잘 실천하면 180세 이상까지도 살 수 있다고 했습니다.

16세기 대표적인 호남 사림이었던 미암 유희춘도 양생에 매우 밝았는데, 그래서 선조 임금에게 음식이나 소화법, 양치질 같은 여러 가지 양생법을 일러주기도 했습니다. 또한 그는 자신의 양생법을 가정의 교훈인 '정훈(庭訓)'에 써서 후손에게 남겨주기도 했는데, 아래와 같이 선친인 유계린의 일화를 들어 여색을 멀리하고 금욕하도록 경계했습니다.

선친의 성품은 조용하고 차분해서 젊어서부터 늙을 때까지 음란한 망국의 음악을 듣지 않았고, 여색을 깊이 멀리하여 일찍이 말이 음탕함에 미친 적이 없었다. 분수 밖의 재물 보기를 흙덩이같이 하였고, 일체의 번화한 세상맛에 대해서도 담연하여 좋아한 것이 없었다. 일찍이 말하기를, "재물과 여색과 가무와 유희를 탐하면 마침내 잘못된 사람이 된다. 너희들은 마땅히 깊이 경계하거라. 후한 사람 노식은 마융을 스승으로 섬겼는데, 창기가 앞에서 노래하고 춤추는 데도 노식은 여러 해를 모시고 공부하면서도 눈길 한번 돌리지 않았다. 마융이 이 때문에 그를 공경했으니, 너희들도 마땅히 이것을 본받도록 하라." 하였다.[177]

선친인 유계린은 평생 동안 여색을 멀리했다면서, 마땅히 후손들에게도 이를 본받으라고 당부하고 있습니다.

『동의보감』의 성리학적 양생관

조선의 양생법은 『동의보감』에 의해 완성되었다고 해도 과언이 아닙니다. 물론 16~17세기 양반 중에는 양생에 대한 관심과 실천을 넘어 본격적이고 종합적인 양생서를 편찬하기도 했습니다. 대표적으로 정유인의 『이생록』, 조탁의 『이양편』, 이창정의 『수양총서류집』 등을 예로 들 수 있습니다. 하지만 이것들은 중국 경전이나 의서, 양생서에서 건강에 도움이 될만한 것들을 가려 뽑아 한 권의 책으로 엮은 것에 불과했습니다.[178]

지금까지 우리는 『동의보감』을 의서로만 알고 있었지, 양생서로 보는 경우는 별로 없었습니다. 하지만 사실 『동의보감』은 당시 양생과 의학의 전통을 하나로 통합한 기념비적 의서요, 애초엔 질병의 치료보다 예방을 더욱 중시하는 일종의 양생서에 가까웠습니다. 이는 무엇보다 『동의보감』 서문에 잘 나타나 있습니다. 『동의보감』 서문에 의하면, 애초에 이 책은 선조의 적극적인 지시와 지원에 의해 이루어졌고, 선조의 양생과 의학관이 깊이 반영된 것이었다고 합니다. 선조는 "사람의 질병은 모두 조리와 섭생(양생)의 잘못에서 생기는 것이므로 수양을 우선으로 하고 약물(치료)은 그다음이어야 한다"라고 의학보다 양생을 강조했습니다. 그래서 허준도 물러나와 당시 양생의 대가인 정작을 맨 먼저 초빙했습니다. 또 『동의보감』은 일반 백성도 알기 쉽게 제작하도록 했는데, 그렇기 때문에 『동의보감』의 성리학적 금욕주의 양생관은 조선 후기 일반 백성에게도 많은 영향을 끼쳤다고 할 수 있습니다.

『동의보감』은 철저히 16세기 성리학자의 양생관을 따르고 있습니다. 우선 앞의 이황이나 유성룡 같은 성리학자처럼 『동의보감』도 양생에서 무엇보다 마음을 중시했습니다. 다음은 『동의보감』 「내경」 편의 "도로써 병을 치료한다"는 구절의 내용입니다.

> 구선은 "옛날의 신성한 의사는 사람의 마음을 다스릴 수 있어서 미리 질병에 이르지 않게 하였는데, 지금의 의사는 오로지 사람의 질병만 치료할 줄 알지 사람의 마음을 다스릴 줄은 모른다. 이는 근본을 버리고 말단만을 좇고, 그 근원을 찾으려 하지 않고 그 곁가지만 치료하고자 하는 것이니, 이 또한 어리석지 아니한가? 비록 어쩌다 병이 나아도 이것은 곧 세속의 용렬한 의사가 하는 짓이니 본받을 만하지 못하다"고 하였다.[179]

명의란 바로 사람의 마음을 치료하는 사람이라는 것입니다.

또한 『동의보감』은 앞의 김인후나 유희춘 같은 성리학자들처럼 성욕을 절제하고 억압하는 성리학의 금욕주의적 양생관을 따르고 있습니다. 신동원 교수 등에 의하면, 세종대의 의서인 『의방유취』에선 성욕에 대해 쾌락은 즐기되 정을 아끼라는 견해와 쾌락조차 절제하라는 견해 등 두 가지 양생론이 혼재되어 있었다고 합니다. 조선 전기만 해도 금욕을 중시하는 성리학이 아직 뿌리내리지 못했다는 것입니다. 반면에 『동의보감』에선 철저히 금욕 위주의 양생론만을 가려 실었는데, 이는 성리학의 내재화와 맥락을 같이한다는 것입니다.[180]

『동의보감』에서 정은 몸의 근본으로, 몸이 생기기 전에 먼저 생기는 것, 즉 일종의 '정액'이라는 것입니다. 그런데 이러한 정은 한정되어 있어서 성욕을 절제하지 못하여 정을 소모하면 병이 생기고 몸이 위태로워진다고 했습니다. 다음은 『동의보감』 「내경」 편의 "정은 지극히 보배로운 것이다"의 일부분입니다.

> 정(정액)이란 가장 좋은 것을 말한다. 사람의 정은 가장 귀한 것이지만, 그 양이 매우 적어서 온몸의 정을 다 합해야 모두 1되 6홉이 된다. 이것은 남자가 16세까지 정을 배출하지 않았을 때의 분량으로, 겨우 한 근의 무게가 됨을 말한다. 정을 쌓아 가득히 채우면 3되가 되고, 정을 손상하거나 잃으면 1되가 채 안 된다. 정과 기는 서로를 길러주는데, 기가 모이면 정이 가득하게 되고 정이 가득하면 기가 왕성하게 된다. 매일 먹는 음식의 정미한 것이 정이 되기 때문에 곡식을 뜻하는 '미(米)'와 생명의 푸른빛, 왕성함을 뜻하는 '청(青)' 자를 합쳐서 글자를 만들었다. 사람이 16세가 되면 정을 배설하게 되는데, 한 번 성교할 때마다 반 홉 분량의 정이 줄어든다. 잃어버리기만 하고 더해주지 않으면 정이 고갈되어 병이 생기게 된다. 그러므로 욕정을 절제하지 못하면 정이 소모되고, 정이 소모되면 기가 쇠약해지고, 기가 쇠약해지면 병이 생기고, 병이 생기면 몸이 위태로워진다. 그러므로 어찌 정이라는 것을 인체의 가장 귀한 보배라고 하지 않을 수 있겠는가.[181]

사람의 정(액)은 가장 귀한 것인데, 그 양이 매우 적어 온몸의 정을 다 합해야 겨우 한 되 여섯 홉밖에 안 된다는 것입니다. 그리고 남자는 16세부터 정을 배출하게 되는데, 한 번 성교할 때마다 반 홉 정도의 정이 줄어들게 된다고 합니다. 요즘 우리는 남자의 정액이 고환을 통해 계속 생겨나는 것으로 알고 있지만, 당시엔 이렇게 정액도 난자처럼 태어날 때부터 정해져 있는 것으로 보았습니다.

『동의보감』은 이렇게 귀한 정을 은밀하게 숨겨서 잘 간직하라고 했습니다. 정은 매우 중요하므로 양기를 꼭 닫아 은밀하게 하여 헛되이 배설하지 말라는 것입니다. 그와 동시에 『동의보감』은 정기가 견고하지 못한 것을 치료하는 약들을 제시하고 있는데, 금쇄사선단, 대봉수단, 비진환, 옥로환, 금쇄단 등이 그것입니다.[182] 심지어 『동의보감』은 성욕을 가라앉히는 약도 처방해주고 있습니다.

축양비방
거머리(살아있는 거머리를 주발의 물속에서 기르다가 7월 7일에 꺼내어 그늘에서 말린 것) 9마리에 사향과 소합환을 넣고 세 가지를 한꺼번에 곱게 빻아서 가루를 낸다. 여기에 약간의 꿀을 넣어 떡처럼 만든다. 성기가 일어날 때 왼쪽 발바닥 가운데를 이 약으로 조금 문지르면 곧 시들며, 다음 날 다시 일어나면 다시 문지른다.[183]

이렇게 『동의보감』은 성욕이 일어날 때 가라앉히는 처방도 일러주고 있습니다.

이와 같이 『동의보감』은 무엇보다 마음을 중시하는 성리학적 양생관과 성의 절제와 억압을 강조하는 성리학의 금욕주의적 양생관을 따르고 있습니다. 이러한 『동의보감』의 영향력은 대단히 커서 조선 후기에 출현한 양생서도 대부분 성리학의 금욕주의적 양생관을 따르고 있습니다. 다시 말해 『동의보감』은 조선 후기 양생서의 지침서가 되었던 것입니다.

허균의 성 양생론

양생의 전통은 17세기 이후인 조선 후기에도 계속 이어졌을 뿐 아니라, 종합적이고 체계적인 양생서가 지속적으로 출현하는 등 이전에 비해 더욱 발달했습니다. 조선 후기 대표적인 양생서로는 허균의 「한정록」, 홍만선의 『산림경제』, 유중림의 『증보산림경제』 등의 「섭생(양생)」 편과 서유구의 『보양지』 등을 들 수 있습니다.[184] 먼저 「한정록」을 토대로 허균의 양생론, 특히 성 양생법에 대해 본격적으로 살펴보도록 하겠습니다.

당시 일반적인 성리학자나 도학자와 달리 허균은 인간의 본성을 중시하며 자유로운 삶을 살고자 했습니다. 심지어 허균은 "음식과 성욕은 사람의 본성이다",[185] "남녀 간의 정욕은 하늘이 준 것이고, 윤리와 기강을 분별하는 일은 성인의 가르침이다. 하늘은 성인보다 높으니, 차라리 성인의 가르침을 어길지언정 하늘이 준 본성을 거스를 수는 없다"고 하면서 성리학자들의 예교를 정면으로 비판하고 자신은 본능에 충실한 삶을 살고자 했습니다.

실제로 그는 부인 외에도 첩을 3명(추섬, 성옥, 옥매)이나 두고 있었고, 평양과 의주, 전라도 등지의 수많은 기녀와 더불어 성을 즐겼습니다. 또 부안의 기녀이자 유희경의 연인 이매창과는 정욕이 아닌 의리로 사귀었습니다.

이러한 그의 개방적이고 자유로운 성의식과 성생활 때문인지 지금까지 우리는 허균을 자유주의자, 더 나아가 개혁주의자로 규정해왔습니다. 하지만 그의 문집 『성소부부고』의 부록 「한정록」 제15권 「섭생(양생)」 편을 보면, 허균 역시 앞의 『동의보감』처럼 성욕의 절제와 억제를 강조하는 성리학의 금욕주의적 양생관을 비교적 충실하게 따르고 있습니다.

먼저 허균도 앞의 성리학자나 『동의보감』처럼 성욕을 없애 정액을 보존하라고 했습니다. 그래야만 장수할 수 있다는 것입니다.

> 눈은 정신의 들창이요, 코는 정신의 문이며, 미려(꽁무니뼈)는 정의 길이다. 사람이 보기를 많이 하면 정신이 소모되고, 숨을 많이 쉬면 기운이 빠지고, 성욕이 많으면 정이 고갈되는 것이다. 모름지기 눈을 감고서 정신을 기르고, 호흡을 조절하여 기운을 기르고, 배꼽 아래를 굳게 닫아 정을 길러야 한다. 정액이 충만하면 기운이 여유가 있고, 기운이 여유가 있으면 정신이 완전하게 되는데, 그것을 도가의 삼보라고 하는 것이다.[186]

모름지기 사람이 성욕이 많으면 정이 고갈되므로 금욕을 하여 정을 보존해야 한다는 것입니다. 만약 정이 충만하면 기운과 정신도 좋아진다고 했습니다.

또한 허균은 도교의 방중술에 의거하여 성교할 때 최대한 사정을 제한하도록 했습니다. 흔히 방중술을 성 기교의 발전이나 쾌락의 수단으로 오해하고 있으나, 실제 방중술의 요점은 접이불루, 즉 교접하되 사정하지 않아서 장생을 추구하는 것이었습니다. 다시 말해 방중술은 정액을 아끼라는 금욕주의의 산물이었던 것입니다.

> 팽조(신선. 신선술을 해서 800세를 살았다 함)가 말하기를,
> "한 달에 2번 사정하고 한 해에 24번 사정한다. 이것은 절약하고 삼가는 도리다."

하였고, 소녀(素女)는 말하기를,

"사람이 60세가 되면 정액을 배설하지 않아야 하는 것이니, 이것은 죽음을 만회하는 방법이다."

하였고, 사상채(송나라 상채 사람. 사양좌)는 말하기를,

"사람이 자식을 둔 후에는 정액을 한 방울도 배설해서는 안 되니, 이 것이 삶에 통달하고 생명을 기르는 도리이다. 그러므로 '상사(上士)는 침상을 따로 쓰고, 중사(中士)는 이불을 따로 쓴다' 하였으니, 천봉지의 약을 먹는 것이 혼자 자는 것만 못하다."

하였다.[187]

『소녀경』 속의 팽조와 소녀의 말을 빌려 젊었을 때는 사정을 최대한 제한하고, 이미 자식을 두었거나 60세가 되면 아예 사정하지 말도록 권고하고 있습니다.

그와 함께 날씨와 천재지변, 몸과 마음, 신앙터 등의 조건에 따라서는 아예 성관계를 하지 말고 금욕하도록 했습니다.

팽조는 이렇게 말하였다.

"또 심한 추위와 더위, 큰바람·비·눈·일식·월식·지진·우레·번개 같은 것은 천기(天忌)이며, 만취하거나 과식·희로·우수·비애·공구 같은 것은 인기(人忌)이며, 산신·천기·사직·우물·부엌 같은 곳은 지기(地忌)이니 반드시 교접을 피해야 한다."[188]

하늘과 사람, 땅의 기운이 좋지 않을 때는 성관계를 피해야 한다는 것입니다.

한편, 허균은 정력을 강화하는 방법에 대해서도 알려주고 있습

전(傳) 김홍도, 『운우도첩』 개인 소장

니다. 대표적으로 이슬람교도의 외신(고환) 보호법이 그것입니다.

> 회회교(이슬람교) 문도들이 건강을 잘 돌보는 것은 다른 방법이 없고,
> 오직 외신(고환)을 따뜻하게 하여 찬 기운이 닿지 않게 할 뿐이다. 그
> 들은 남쪽 사람들이 여름철에 베 바지를 입는 것을 보고 매우 잘못되
> 었다고 하며, 찬 기운이 외신을 상하게 할까 두렵다고 하였다. 밤에 누
> 울 때는 마땅히 손으로 외신을 움켜쥐고 따뜻하게 해야 한다고 하며,
> "이것이 바로 사람의 생명의 근본이니, 보호하지 않으면 안 된다."
> 하니, 그 말이 매우 이치가 있다.[189]

이슬람교 사람들은 밤에 누울 때 두 손으로 외신을 움켜쥐어 따

뜻하게 해준다는 것입니다. 그러면 정력이 강화되어 성생활을 잘할 수 있다고 했습니다.

이와 같이 허균은 당시 성리학자들의 예교를 비판하며 본능에 충실한 삶을 살고자 했지만, 성 양생법에 있어서는 성리학의 금욕주의적 양생관을 거의 그대로 따르고 있습니다. 허균도 성리학자이나 『동의보감』처럼 건강을 지키고 장수하기 위해서는 정(액)을 아끼고 보존해야 한다고 생각했던 것입니다.

홍만선의 극단적 금욕주의화

한국 양생의 전통은 홍만선(1643~1715)의 『산림경제』에 이르러 확립되었다고 볼 수 있습니다. 총론, 마음, 성, 음식, 신체, 도인술 등 각종 양생법이 유형별로 나뉘어 체계적으로 수록되어 있고, 그 분량이나 내용에서도 이전의 양생서에 비해 훨씬 풍부하게 채록되어 있기 때문입니다. 그뿐만 아니라 홍만선의 『산림경제』는 이후 유중림의 『증보산림경제』, 서유구의 『보양지』 등의 종합적인 양생서가 출현하는 데도 직접적인 영향을 끼쳤습니다.[190] 특히 유중림의 『증보산림경제』는 홍만선의 『산림경제』를 증보하되 그 항목과 내용을 좀 더 많이 추가한 것이었습니다.

『산림경제』도 이전의 『동의보감』 전통에 따라 기본적으로 성욕을 절제하거나 억제하는 성리학의 금욕주의적 양생관을 따르고 있습니다. 하지만 『동의보감』이 정(액)의 중요성을 강조하며 금욕해서 정을 간직하라거나 그 방법들을 일러주고 있다면, 『산림경제』는 성욕을 질병과 연결하여 그것을 억제하지 않으면 병이 들거나 죽음에 이르게 된다면서 금욕을 극단적으로 강요하고 있습니다. 또한 성 양생법도 매우 구체적으로 일러주며 철저한 주의를 당부하고 있습니다. 다시 말해 조선 후기로 갈수록 성에 대한 금욕주의가 더욱 보수화·극단화되고 있었던 것입니다.

먼저 성을 질병과 연결해서 금욕을 강요하는 사례부터 살펴보겠습니다. 아래는 조기 성경험의 문제점을 지적하는 것들입니다.

> 정기가 통하기 전에 여자를 거느리고 정을 통하게 되면 오체(눈·코·입·귀·생식기)가 충만하지 못하게 되며, 훗날 형용하기 어려운 병을 갖게 된다.
>
> 남자가 너무 일찍 성경험을 하면 정기가 손상되고, 여자가 너무 일찍 성경험을 하면 혈관이 손상된다.[191]

제대로 성장하기도 전에 성경험을 하면 신체가 발달하지 못하고, 나중에 아주 큰 병에 걸리게 된다는 것입니다. 또 너무 일찍 성경험을 하면 남자는 정기를, 여자는 혈관을 각각 손상하게 된다는 것입니다.

그와 함께 『산림경제』는 무리한 성관계의 폐해에 대해서도 지적하고 있습니다.

> 음경이 위축되었는데 억지로 단석(보양제)을 먹고 양기를 돕게 되면 신장의 물이 고갈되고 마음의 화가 불타는 듯하고 오장이 건조되어 소갈증(당뇨병)이 즉시 오게 된다. 또 얼굴이 검어지고 귀가 먹는다. 나아가 몸이 파리해지고 경계증(가슴이 두근거리고 잘 놀라는 병)이 생기며, 몽설(잠자는 도중 정액이 자연 유출되는 병)이 되고 소변이 탁해진다.[192]

약을 먹고 억지로 성기를 발기시키면, 내장과 신체, 정신 등 온몸에 병이 들게 된다는 것입니다. 물론 오늘날에는 비아그라 같은 발기부전제를 복용하고 억지로 성기를 발기시켜도 큰 무리가 없는 것으로 밝혀졌습니다.

또한 『산림경제』는 성행위의 금기사항, 즉 성교해서는 안 되는 상황들도 매우 구체적으로 제시하고 있습니다.

배불리 먹고 성교하면 혈기가 대장으로 새어 들어가 이질(설사병)이 된다.

크게 취했을 때 성교하면 정액이 쇠약해지고 음경이 위축되어 발기가 되지 않는다.

분노했을 때 성교하면 정력이 허해지고 기가 떨어져서 종기가 생긴다.

크게 기쁘거나 크게 슬플 때는 음양(남녀)이 결합해서는 안 된다.

소변을 참으며 성교하면 임질을 얻게 되거나, 혹은 배가 뒤틀려 배꼽 아래가 몹시 아프며 죽는다.

월경이 끝나기 전에 성교하면 흰 얼룩이 생기며, 몸과 마음이 야위며 누렇게 되고 자식을 갖지 못한다.

촛불을 밝혀놓고 성교하는 것은 종신토록 금기해야 하며, 또 낮에 성교하는 것도 피해야 한다.[193]

과식이나 과음, 분노나 슬픔, 소변을 참거나 월경이 끝나기 전에, 밤에 촛불을 켜놓거나 대낮에 성교하면 각종 병에 걸리거나 죽게 된다는 것입니다. 이처럼 『산림경제』는 거의 협박적인 어조로 금욕적인 성생활을 강조하고 있습니다.

이와 같이 『산림경제』는 성욕을 질병이나 목숨과 연결하여 그것을 절제하거나 억제하지 않으면 몸에 병이 들거나 심지어 죽음에 이르게 된다고 강력히 주장했습니다. 조선 후기에 이르러 성리학의 금욕주의적 양생관은 더욱 극단화되어간 것입니다.

서유구의 종합적인 성 양생법

서유구(1764~1845)의 『보양지』는 당시 중국과 조선의 양생법을 총합하여 만든 한국 양생서의 종합판이자 결정판이었습니다. 보양이란 "내 몸에 깃든 좋은 기운을 잘 간직하여 기른다"는 뜻으로, 『보양지』는 총론, 마음, 성, 음식, 신체, 도인술, 양로술 등 당시의 모든 양생법을 포괄하고 있고, 분량도 위의 『산림경제』보다 훨씬 늘어난 8권 4책으로 되어 있습니다.[194]

그중 성 양생법은 권 제2 「정·기·신」 편에 실려있는데, 앞의 『동의보감』이나 「한정록」, 『산림경제』 등에서 살펴본 성리학의 금욕주의적 양생관이 잘 나타나 있습니다. 성욕을 절제하거나 억제하여 몸의 정기를 지키라는 것입니다. 다만 『보양지』는 『동의보감』, 『산림경제』 등 기존의 양생서에 많이 의존해서인지 내용상 중복되는 부분이 많은 편입니다.

우선 『보양지』도 성리학의 금욕주의적 양생관에 따라 성욕을 억제하는 금욕적 생활을 강조하고 있습니다.

매우 잘 아는 사람은 부부의 침상을 따로 쓰고, 보통 잘 아는 사람은 부부의 이불을 따로 쓴다. 보약을 천 첩 먹기보다 홀로 자는 것이 낫다.[195]

양생을 잘하는 자는 성욕이 막 솟구치려는 충동을 느끼면 반드시 삼가고 억제해야 하지, 마음대로 성욕을 좇아 스스로 해를 지어서는 안 된다. 한번 성욕을 억제하는 데 성공하면 한번 불이 꺼져서 한번 기름을 절약한 셈이 된다. 만약 억제하지 못하고 정욕에 따라 사정하면 기름불이 타오르면서 기름을 더욱 없애고 말 것이니, 스스로 방지해야 하지 않겠는가![196]

결혼해도 혼자 자는 것이 보약 천 첩을 먹는 것보다 더 건강에 좋다는 것입니다. 또 건강을 잘 지키려면 성욕이 솟구칠 때마다 삼가고 억제할 줄 알아야 한다는 것입니다.

그렇다고 정욕을 완전히 끊으라는 것은 아닙니다. 『보양지』는 음과 양의 조화를 이루어야 한다거나, 남녀가 함께 있어야 장수할 수 있다면서 일정 부분 성욕을 인정하는 태도를 보여줍니다. 이로 보면 『보양지』는 앞의 『동의보감』이나 「한정록」, 『산림경제』 등보다 성에 대해 좀 더 개방적인 의식을 보여주었다고 할 수 있습니다.

남자는 여자가 없어서는 안 되고, 여자는 남자가 없어서는 안 된다. 만약 바르고 곧은 생활을 늘 염두에 두되 서로 그리워할 일이 없다면 오래도록 수명을 늘릴 수 있다.[197]

남자와 여자는 올바른 생활을 하되 함께 있어야 오래 살 수 있다는 것입니다.

이 밖에 『보양지』도 앞의 『산림경제』처럼 조기 성경험 문제, 무리한 성관계의 폐해, 성생활의 절도, 성교를 피해야 할 여인상, 성교하기에 길한 여인상, 성행위를 할 때의 금기사항 등에 대해 자세히 알려줍니다. 다만 여기에서는 중복을 피하기 위해 생략하고자 합니다.

3부

왜곡의 시대

현대 한국의 보수적이고 부정적인 성의식은 조선 시대 유교사상의 산물이라고 아주 쉽게 얘기합니다. 하지만 엄밀하게 보면 현대 한국의 성의식은 조선 전·중기의 성리학, 조선 후기의 천주교와 근·현대의 개신교가 복잡하게 얽혀 있는 상태입니다. 특히 1876년 개항 이후 주로 미국에서 전래된 청교도 개신교의 영향이 가장 크다고 할 수 있습니다.

12장
조선 후기 기독교 성의식의 유입과 전파

한국 기독교 전래사

많은 사람이 한국 기독교의 역사는 구한말 이후 150여 년의 역사밖에 되지 않는다고 생각합니다. 하지만 그건 개신교에 국한된 생각이고, 천주교까지 포함하면 17세기 이후 400여 년이 넘는 역사를 갖고 있습니다. 어느덧 기독교는 성리학과 거의 맞먹는 역사를 갖고 한국 사회에 많은 영향을 끼치고 있습니다.

기독교는 크게 천주교와 개신교로 나뉘는데, 개신교에 대해서는 뒤에서 살펴보기로 하고 여기에서는 조선 후기 천주교에 대해서만 살펴보기로 하겠습니다. 천주교는 17세기 초 중국에서 주로 예수회 신부들이 발간한 한문서역서를 중심으로 전래되었습니다.[198] 지봉 이수광(1563~1628)은 『지봉유설』 권2 「제국부」에서 최초로 서양의 천주교를 소개하고 있습니다.

구라파국을 대서국이라고 이름하기도 한다. 이마두(마테오 리치)라

마테오 리치 초상화 로마 예수회 본부

는 자가 있어서, 8년 동안이나 바다에 떠서 8만 리의 풍광을 넘어 동월(중국 저장성)에 와서 10여 년이나 살았다. 그가 저술한 『천주실의』 2권이 있다. 첫머리에 천주가 처음으로 천지를 창조하고 편안히 기르는 도를 주재한다는 것을 논하고, 다음으로 사람의 영혼은 불멸의 것으로 금수와는 크게 다르다는 것을 논하였으며, 다음에는 육도윤회설의 잘못과 천당·지옥·선악의 응보를 변론하고, 끝으로 인성은 본래 선하다는 것과, 천주를 존경해 받드는 뜻을 논하고 있다.[199]

    이탈리아의 신부 마테오 리치가 1603년 중국 북경에서 한역하여 간행한 『천주실의』에 대해 개괄적으로 소개하고 있습니다. 『천주실의』는 상하 2권이며, 천주의 존재, 인간 영혼의 불멸, 천당지옥설, 선악설 등을 담고 있는 천주교 교리 입문서입니다. 이 책은 당시 중국만이 아니라 조선, 일본에도 빠르게 전파되어 천주교 보급에 지대한 영향을

마테오 리치,『천주실의』 숭실대학교 박물관 소장

미쳤습니다.[200] 이렇게 기독교, 그 가운데 천주교는 이미 400여 년 전부터 한국에 영향을 미치고 있었습니다.

　그 뒤로 성호 이익(1681~1763)은 예수회 선교사들이 제시한 천문학과 역법 등 서양과학에 대해 "성인이 다시 나와도 반드시 따를 것"이라고 전폭적으로 지지했으며, 마테오 리치를 성인으로까지 언급했습니다. 이러한 이익의 태도에 따라 그의 제자들로 구성된 성호학파에서는 서학을 주요한 학문의 대상으로 삼아 찬반 논쟁을 벌였습니다. 또 천주교 교리를 연구하여 신앙 운동을 일으키기도 했는데, 대표적으로 이벽, 이승훈, 권철신, 정약종, 정약용, 이가환 등을 들 수 있습니다.[201]

　이들 천주교도는 선교사가 들어오기 전에 한문 교리서를 읽고 연구하여 천주교 신앙을 실천하는 한편, 책을 저술하기도 했습니다. 대표적으로 이벽(1754~1786)은 『성교요지』를 저술했는데, 총 49절로 이루어져 있고 한시 형식으로 되어 있습니다. 1~3절에서는 구약성서를 중심으로 천지창조, 인간의 창조, 영혼의 존재, 원죄 등을 다루고 있고, 4~15절에서는 신약성서를 중심으로 예수의 생애를 다루고 있으며, 마지막 16~49절에서는 바울의 로마서를 중심으로 천주교의 윤리의식과 실천 방법을 제시하고 있습니다. 정약종(1760~1801)은 『주교요지』를 저술했는데, 문답 형식으로 천주의 존재 증명, 천주의 속성, 불교 비판, 천주의 상법 등을 서술하고 있습니다.[202]

이러한 천주교의 전래와 함께 기독교 윤리학도 수용되었는데, 그중 성윤리로는 십계명의 제6 "간음하지 말라", 제9 "남의 아내를 탐내지 말라" 등과 첩을 들이는 것은 이단이며, 일부일처제 가족제도 수립 등을 들 수 있습니다.

이처럼 천주교 신앙운동이 활발하게 전개되면서, 18세기 말엽부터 본격적으로 기존 유교와의 갈등을 빚기 시작했습니다. 대표적으로 1791년 충청도 진산군의 사대부 윤지충과 권상연이 제사를 폐지하고 신주를 불사르는 이른바 '진산사건'을 일으키자, 조선 정부는 천주교를 인륜을 멸하고 강상을 어지럽히는 죄인으로 여기고 금교령을 강화했습니다. 또 정조가 죽고 세도정치가 시작된 1801년에는 신유박해가 일어나 무려 500여 명의 천주교 신도가 처형되거나 유배되었습니다. 하지만 천주교 신도는 초기부터 중인 이하 서민과 부녀자들이 많았기 때문에 그들의 확고한 신앙심에 힘입어 이후로도 지하 신앙운동으로 강인하게 지속되었습니다.[203]

3부 왜곡의 시대

이익: 색욕을 좇는 자는 금수만도 못하다

조선 후기에 이르면 성의 도덕주의와 금욕주의는 더욱 강화되고 극단화됩니다. 조선 후기엔 신분제의 동요와 경제 성장, 서민문화의 발달 등으로 사회가 더욱 개방화되고 자유로워진 것처럼 생각하고 있으나, 성의식은 오히려 더욱 폐쇄적이고 보수화되었습니다. 심지어 관념화되고 교조화된 성리학을 비판하고 실용적인 학문을 추구했다는 실학자들조차 성에 대해선 극단적으로 도덕주의와 금욕주의적 태도를 보였습니다. 지금까지는 그 이유를 성리학의 교조화에서 찾았으나, 위와 같은 17세기 이후 천주교의 전래에 따른 기독교 성윤리나 성의식의 전파도 중요하게 작용했던 것으로 보입니다. 조선 후기 극단적으로 부정적인 성의식은 기존 성리학의 도덕주의적·금욕주의적 성의식의 차원을 넘어 이미 성을 금기시·죄악시하는 기독교의 극단주의적 성의식과 맞닿아 있기 때문입니다. 그 대표적인 사례로 18세기 실학자 이익, 이덕무와 19세기에 부부 성교육 교재를 집필한 조목영을 살펴보도록 하겠습니다.

성호 이익은 위에서 설명한 것처럼 매우 과감하고 적극적인 실학자였음에도 성에 대해서만큼은 극단적으로 부정적인 입장을 갖고 있었습니다. 심지어는 색욕, 즉 성욕을 좇는 자는 금수만도 못하다고까지 말했습니다. 그 대표적인 글이 『성호사설』 제13권 「색욕」입니다.

먼저 이익은 중국 북송대 유학자이자 정이천의 문인인 주행기의 사례를 들어 색욕을 좇는 자는 금수만도 못하며, 사람이 금수와 다른 점은 윤리·도덕이 있기 때문이라고 말했습니다.

성호 이익 영정

주행기는 몸가짐이 엄하고 각고의 노력을 기울였다. 어렸을 때에 어머니 쪽의 여자와 혼담이 오갔다. 그는 일찍 과거에 급제했는데, 그 뒤로 여자가 두 눈이 소경이 되었음에도 그녀에게 장가들었다. 정이천은 "나는 30세가 못 되었을 때에도 이런 일을 하지 못했다. 그는 나아가는 것이 빨랐는데, 물러가는 것도 빠른 것이 대견스럽다" 하였다.

하지만 이후 주행기가 술자리에서 뜻이 맞는 여자가 있어 비밀히 사람들에게 말하기를 "윤언명(정이천의 문인)에게 알리지 말라" 하고, 또 말하기를 "그가 알더라도 무엇이 해로울 게 있겠는가? 이것이 의리에 해될 것은 없다" 하였다. 정이천이 그것을 듣고 말하기를 "이것은 금수만도 못하다" 하였다. 어째서 그렇게 말하였을까? 사람이 금수와 다른 것은 윤리(도덕)가 있기 때문이다. 물욕이 이기면 금수와 멀지 않은 것인데, 금수와 멀지 않을 뿐 아니라 혹 도리어 금수에도 미치지 못하는 것이 바로 음욕이다.[204]

3부 왜곡의 시대

이익은 주행기를 예로 들어 음욕(성욕)을 좇는 자는 금수만도 못하다고 비난합니다. 주행기는 처음엔 약혼한 여자가 두 눈이 멀었어도 장가를 들었으나, 뒤에는 변심하여 술집 여자를 몰래 사귀었습니다. 스승 정이천은 그것을 듣고 주행기가 윤리(도덕)를 저버린 금수만도 못한 놈이라고 비난합니다.

심지어 이익은 성에 대해선 금수가 인간보다 더 낫다고 말합니다. 금수는 저마다 정해진 짝이 있고, 발정기에만 짝짓기를 하기 때문입니다.

무릇 금수 중에도 가축 이외에는 모두 암컷과 수컷이 쌍으로 날고 함께 다니면서도 서로 혼란하지 않고 각각 정한 짝이 있으니, 이것이 분별이 있는 것이다. 사람은 흔히 그렇지 않아서 집에 처첩이 있어도 반드시 다른 곳에서 간음하고자 하며, 저자에서 얼굴을 단장하고 음란한 짓을 가르치면서도 부끄러워함이 없으니, 이것이 금수에 미치지 못하는 것이다. 소와 양의 무리는 반드시 새끼를 배는 시기가 있어 새끼를 배면 곧 중지하는데, 사람은 또 거기에도 미치지 못한다. 금수의 짝은 곱고 추한 것을 가리지 않는데 사람은 추한 것을 싫어하고 예쁜 것을 좋아하며, 늙은 것을 버리고 젊은 것을 따르며, 남자는 여자를 좋아하고 여자는 남자를 유혹하여 담을 엿보고 쫓아다니며, 날이 다하고 해가 다하도록 미친 듯이 희롱하고 극도로 부끄러운 짓을 하면서도 그칠 줄을 모르니, 더럽고 악한 것을 말할 수 없다. 이것이 무슨 천리인가? 내가 보건대 가축 중에는 오직 닭이 음란한 짓을 많이 하는데, 그 죄는 수컷에 있고 암컷에 있지 않다. 오직 사람은 남녀가 서로 따라서 혹 밤낮을 가리지 않으니 금수에도 미치지 못하는 것이다.[205]

금수는 짝을 정해 분별 있게 살아가는데, 사람은 집에 처첩을 두고도 다른 곳에서 간음하려고 하니, 사람이 도리어 금수보다 못하다는 것입니다. 또한 금수는 발정기에만 교미하고 짝의 곱고 추한 것을 가리지 않는데, 사람은 남자나 여자나 할 것 없이 젊고 예쁜 것을 좋아 음란한 짓을 한다며, 사람은 정말 금수에도 미치지 못한다고 말합니다. 간음하지 말라든가, 생식(출산) 위주의 성만을 강조하는 것이 위에서 지적한 기독교 성윤리와 많이 닮아있습니다.

이와 같이 이익은 실학자임에도 성에 대해서는 성리학의 도덕주의적·금욕주의적 성의식을 넘어서 색욕을 좇는 자는 금수보다 못하다거나 성욕을 철저히 억제해야 한다는 극단적으로 부정적인 성의식을 갖고 있었습니다. 그러면서 기독교 성윤리인 일부일처제 부부 중심의 성과 금욕적인 생식(출산) 위주의 성을 강조했습니다.

이덕무: 여색을 가까이하려는 마음만 먹어도 간음이다

이덕무(1741~1793)는 이익보다 더욱 극단적으로 부정적인 성의식을 갖고 있었습니다. 심지어 그는 "여색을 가까이하려는 마음만 먹어도 간음이다"라고 주장했을 정도였습니다. 또한 그 역시 이익처럼 기독교의 일부일처제 부부 중심의 성을 강조했습니다.

그는 타고난 체질이 연약했고, 성격도 조심스러웠습니다. 그래서인지 일상생활에서 사소한 예절을 중시하여 특별히 『사소절』을 짓기도 했습니다. 이 책은 『소학』을 모방하여 만든 것으로, 평소의 사소한 예절이나 행동거지를 올바르게 함으로써 인격을 수양할 수 있다는 성리학적 윤리관에 기초하고 있습니다. 하지만 그 속의 성윤리는 성리학의 도덕주의·금욕주의를 훌쩍 넘어서 성을 금기시·죄악시하는 기독교의 성윤리와 성의식에까지 나아가고 있습니다.

먼저, 이덕무는 어쩌면 『소학』보다 훨씬 엄격하게 남녀 간의 예법을 중시했습니다. 그는 남자가 규방에 자주 들어가면 위엄이 서지 않는다든가, 남자가 안방을 좋아하면 부인의 수치라고 말했습니다. 심지어 일가친척의 부녀와도 내외하도록 했으며, 또 망령되게 남의 집을 엿보지 말고, 길을 갈 때도 여인을 만나면 곁눈질하지 말고 피해가라고 했습니다.

그와 함께 이덕무는 여색 이야기, 즉 음담패설도 절대 하지 말라고 했습니다.

> 손님이 혹시 거북스러운 음담패설을 잘하는데 자식들이 같은 자리에 있거든, 일부러 일을 시켜 밖에 내보내서 듣지 못하게 하라.[206]

> 음란한 말은 입 밖에 내지 않을 뿐만 아니라, 그것을 혹 듣더라도 귀를 가리고 피해야 한다.[207]

> 여자들도 남자를 엿보고 그가 살쪘느니 여위었느니, 잘생겼느니 못생겼느니 평론하지 말라. 그런 행동은 남자가 여색을 이야기하는 것과 어찌 다르겠는가?[208]

이덕무는 평소 자식들에게 음담패설을 듣지 못하게 했고, 음란한 말은 하지도 말고 듣지도 말라고 했으며, 여자들이 남자를 보고 이러쿵저러쿵 평론하는 것도 음담패설과 같다고 했습니다. 그는 기독교의 성윤리처럼 성을 철저하게 금기시했던 것입니다.

심지어 그는 여색을 가까이하려는 마음만 먹어도 바로 간음이라고 규정하면서 성을 죄악시했습니다.

> 재화를 빼앗길 마음을 가지매 이것이 바로 '탐도'라는 이름을 얻게 되
> 는 것임을 생각하고, 여색을 가까이할 마음을 가지면 이것이 바로 '간
> 음'이라는 이름을 얻게 되는 것임을 생각해야 한다. 그래서 맥이 풀리
> 듯 부정한 생각이 가셔야 바로 길한 사람이며 선한 선비인 것이다. 그
> 러므로 군자는 깨끗한 언론에 거론됨을 두려워한다.[209]

이는 기독교에서 음욕을 품고 여자를 보는 것만으로도 마음에
이미 간음했다고 보는 예수의 견해나, 마음에 음욕을 품은 자체가 간음
한 것이라고 한 십계명과도 같은 말이라고 하겠습니다.

이덕무도 당시 양반 남성들의 첩을 두는 풍속을 매우 비판적으
로 바라보았습니다.

> 선비 중에 흔히 까닭 없이 첩을 얻는 자가 있어 집안의 법도가 그로 인
> 해 떨어지고 학업의 뜻이 그로 인해 무너진다. 처가 아들을 낳지 못하
> 거나 또는 폐질이나 죄가 있어서 버렸거나 죽거나 해서 음식을 주관
> 할 수 없을 경우와 벼슬이 높은 자는 모두 첩을 둘 수가 있으나, 이상
> 몇 가지 조건 외에는 여색을 탐하는 처사인 것이다. 심지어 여종을 가
> 까이하고 기녀에 빠져 본처를 능멸하기까지 하여 명분이 도치되는데
> 도 깨닫지 못하며, 생명을 잃기까지 하니 슬픈 일이다.[210]

선비가 첩을 두거나 여종, 기녀를 상대하는 것은 여색을 탐하는
것이요, 집안의 법도를 무너뜨릴 뿐만 아니라 목숨까지 잃는 길이라고
극단적으로 말하고 있습니다. 위의 성호 이익처럼 기독교의 일부일처

제 부부 중심의 성을 강조하고 있는 것입니다.

그러면서 이덕무는 무엇보다 부부 화합을 강조했습니다.

> 부부 화목은 가정의 행복이다. 화목하면 아무리 빈천하더라도 걱정할
> 것이 못 된다. 부부 불화는 가정의 재앙이다. 불화하면 아무리 부귀하
> 더라도 기쁠 것이 못 된다.[211]
>
> 부부가 화목하면 비록 거친 밥을 먹고 나쁜 옷을 입더라도 그 즐거움
> 을 이루 말할 수가 없을 것이요, 부부가 불화하면 비록 비단옷을 입
> 고 진수성찬을 먹는다 하더라도 그 근심과 탄식을 견디지 못할 것이
> 다.[212]

부부가 화목하면 아무리 가난하더라도 행복하고, 부부가 불화
하면 아무리 부유하더라도 행복하지 않다는 것입니다. 지금까지 우리
는 근대 이후 핵가족 사회가 되면서 부부 중심의 성이 강조된 것처럼
알고 있었지만, 이처럼 조선 후기에 이미 기독교 성윤리에 의한 부부
중심의 성이 자리 잡아가고 있었던 것입니다.

『방실잡의』: 조선판 부부 성교육 교재

끝으로 『방실잡의』라는 조선 후기의 독특한 부부 성교육 교재를
소개하도록 하겠습니다. 19세기인 1839년 풍양조씨 가문의 종손이자
선비인 조목영이 저술한 것으로, 총 26면의 한문 필사본입니다. 『방실
잡의』는 기본적으로 『소학』 같은 수신서와 각종 양생서의 전통을 따르
고 있는데, 특이하게도 성, 그것도 부부간의 예교와 성생활 방법을 특

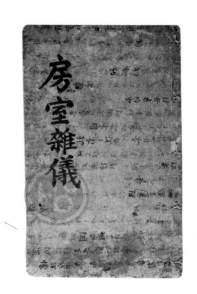

조목영, 『방실잡의』 표지

화해서 만든 조선판 부부 성교육 교재입니다. 『방실잡의』의 현재 소장
처는 알 수 없고, 다만 전완길이 번역 및 해설한 것이 『내조』라는 책에
실려있습니다.[213]

저자 조목영은 이 책의 저술 동기를 다음과 같이 밝히고 있습니다.

내가 13~14살 때 이미 색을 가늠할 줄 알아 음탕해지고 절도를 잃었
다. 다행히 곧 부끄러움을 느껴 이러한 짓을 중지했으며, 어른이 되어
서는 나 자신을 자제할 수 있는 묘리를 터득했기 때문에 방외부정으
로 여인에게 접근해본 적이 없었다. 나는 이 점에 있어 누구에게도 결
백을 확언할 수 있다. 그리고 혼인하여 부부생활을 하면서 뉘우칠 과
실행위를 한 번도 하지 않았기 때문에 경험과 지식을 살려 집필하였
다. 후손들이 열독하여 가문의 명예를 손상시키지 말라.[214]

3부 왜곡의 시대

이미 13~14세 때 성을 알게 되어 음탕한 지경에까지 이르렀지만, 머잖아 부끄러운 행동임을 알고서 더 이상 다른 여인과 외도해본 적이 없다는 것입니다. 그는 자신이 결백하다는 사실을 맹세할 수 있다고 재차 강조합니다. 조목영도 앞의 이익이나 이덕무처럼 일부일처제 부부 중심의 성을 매우 강조하고 있고, 기독교의 십계명처럼 다른 여인에게 눈길을 돌리는 것을 간음이라고 인식하고 있었습니다. 끝으로 저자는 성이 가문의 명예를 손상할 수 있으므로 더욱 조심하라고 당부합니다.

『방실잡의』의 내용도 철저히 부부 중심의 성에 초점이 맞춰져 있습니다. 우선 저자는 이상적 부부상으로 주나라 문왕과 그 왕비처럼 화목한 부부를 꼽고 있습니다. 문왕이 요조숙녀를 만나 금슬의 즐거움을 누린 것처럼, 조선의 모든 남녀도 그들처럼 화목한 부부가 되어야 한다는 것입니다.[215]

이후 본격적으로 방실에서의 예의, 특히 부부 교합법의 주의사항에 대해 차례대로 알려주는데, 그 대표적인 내용들을 체계적으로 살펴보면 다음과 같습니다.

첫째, 저자는 부부관계를 피해야 할 시기와 날씨를 매우 구체적으로 알려줍니다.

우선 부부가 동침할 때는 월·일·계절과 시간을 가려야 한다. 상현이거나 하현일 때, 즉 음력 8일과 23일에는 관계를 삼가야 좋다. 또 달이 찬 음력 보름날, 그리고 그믐날과 초하룻날에는 피해야 좋다. 계절 중에는 아주 더운 날, 반대로 몹시 추운 날이 좋지 않으며, 비가 많이 온 날과 눈이 펑펑 쏟아진 날도 피해야 한다. 이러한 주의를 하지 않으면 부부

의 기력이 많이 소모되고 태어난 자식은 허약 체질이게 마련이다.[216]

달의 상태가 반달이거나 보름달, 초승달일 때, 계절 중에는 한여름이나 한겨울, 날씨가 눈·비가 많이 내린 때는 부부관계를 피해야 한다는 것입니다. 앞에서처럼 기존 성리학자의 양생서에 의존하고 있지만, 이것을 지키지 않으면 허약한 체질의 자식을 낳게 된다면서 더욱 극단적으로 얘기하고 있습니다.

둘째, 대낮에 성교하는 '설만사(褻慢事)'를 삼가라는 것입니다.

불을 환하게 켜 놓은 상태는 물론, 대낮에는 부부가 관계하지 말하야 한다. 『예서』에 이르기를 밤이라도 불을 끈 후에 옷을 벗고 잠자리에 들어야 한다고 하였다. 그리고 특히 합궁 시에는 옷을 모두 벗어야 한다. 부부가 동침할 때 옷을 껴입으면 혈액순환이 잘 되지 않아서 발병의 원인이 된다.[217]

부부가 낮에 성교하는 것은 예에 어긋나는 수치스러운 짓이며, 밤에도 불을 끄고 옷을 벗고 부부관계를 해야 한다는 것입니다. 저자의 성에 대한 도덕과 금기 의식이 얼마나 강했는지 엿볼 수 있는 대목입니다.

셋째, 몸 상태가 온전하지 않을 때 합궁하면 저능아를 낳는다고 했습니다.

부부 합궁 시 금기사항이 또 있다. 술에 취했을 때, 음식을 많이 먹어 포만감을 느낄 때, 신병이 있을 때, 처가 생리 중이거나 임신 중에는

　　　　　3부 왜곡의 시대

삼가야 한다. 만일 이런 금기를 어기면 몸을 많이 해칠 뿐 아니라 자식을 낳더라도 저능아가 된다.[218]

과음이나 과식, 병중, 아내가 월경이나 임신 중일 때 합궁하면 몸이 상할 뿐 아니라 저능아를 낳게 된다는 것입니다. 바로 위에서도 좋지 않은 시기나 날씨에 성교하면 허약 체질의 자식을 낳고, 여기서도 몸 상태가 좋지 않을 때 성교하면 저능아를 낳는다고 아주 극단적으로 말하고 있습니다. 저자의 성의식이 매우 부정적이었음을 알 수 있는 한편, 19세기 후반에는 우리나라에서도 서양의 유전학이 어느 정도 널리 퍼져 있었음을 알 수 있습니다.

넷째, 부부관계를 할 때는 남몰래 소리 없이 하라고 강조했습니다.

부부 외에 다른 사람과 함께 잘 경우엔 관계를 피하라. 10살이 채 못 된 어린 종이나 자녀라 할지라도 말을 알아들을 정도이면 잠자리를 따로 마련하여 서로 몸이 닿지 않도록 해야 한다. 친자식들과도 이리 해야 하거니와 서먹서먹한 남이 있을 때는 더욱 삼가야 한다. 웃어른이 계실 때는 더더욱 삼가야 한다.

부부가 합궁하려면 먼저 병풍을 두르거나 창문에 휘장을 쳐서 남이 들여다보지 못하도록 예방해야 한다. 살림이 어려워 병풍을 두르지 못하거나 휘장을 치지 못하면 창문이라도 잘 닫아야 하며 창문에 구멍이 뚫리지 않았나 살핀다. 내가 아는 안희수란 사람은 밥풀로 창문을 발라 밖으로 말소리가 새지 않도록 하였는데, 이는 참 잘한 일이다. 잠자리 주변이 흐트러지지 않도록 하고 더럽거나 땀에 찌든 곳이 없도록 한다. 또 입에서 악취가 나지 않도록 조심한다. 예법에 의하면 목

욕재계하고 몸에 향을 뿌린다고 했다.[219]

부부관계는 웃어른뿐 아니라 어린아이가 있어도 삼가야 하고, 병풍이나 휘장을 쳐서 몰래 소리 없이 해야 한다는 것입니다. 또 잠자리와 몸의 청결에도 신경 쓰도록 했습니다. 이 책의 저자 조목영도 성의 도덕주의 · 금욕주의를 넘어 성을 금기시 · 죄악시하는 기독교의 부정적 성의식을 갖고 있었음을 알 수 있습니다.

다섯째, 『방실잡의』는 부부간 성교 체위까지 제한하고 있는데, 기독교의 선교사 체위처럼 남성 상위의 체위를 정상적으로 보고 있습니다.

인간의 합궁과 금수의 교미는 행위 형태가 같지 않으나 방법은 동일하다. 다만 금수 중에서 집비둘기만은 체위와 방법이 같지 않아 이치에 거슬린다. 그렇지만 인간은 자연의 이치에 부합된다. 즉 천과 양은 상, 지와 음은 하다. 그러므로 남상여하가 정상이다.
금수 중에서도 인간이나 동물의 대부분이 수컷이 암컷의 위로 오르는데, 집비둘기만은 유별나게 암컷이 수컷의 위로 오른다고 적혀 있다(원저에는 체위에 대하여 더 설명하고 있으나, 후손 중 누군가가 상당 부분을 먹으로 지웠음).[220]

천지 · 음양의 원리처럼, 인간의 남상여하 체위가 자연의 이치에 부합한다는 것입니다. 원래 『방실잡의』에는 여러 가지 체위가 설명되어 있으나 후손들이 부끄러워 먹으로 지워버렸다는 번역자의 후기에서, 그의 후손들도 극단적으로 부정적인 성의식을 갖고 있었음을 알 수 있습니다.

이와 같이 조목영의 『방실잡의』는 이미 성리학의 도덕주의적·
금욕주의적 성의식을 넘어서, 성이란 부부관계 속에서 특정 날짜에만
아무도 모르게 조심스럽게 해야 한다는 기독교의 부정적 성의식을 잘
보여주고 있습니다.

13장
근·현대 기독교 성의식의 확산

기독교 성윤리의 실체

현대 한국의 보수적이고 부정적인 성의식은 조선 시대 유교사상의 산물이라고 쉽게 얘기합니다. 하지만 엄밀하게 보면 현대 한국의 성의식은 조선 전·중기의 성리학, 조선 후기의 천주교, 근·현대의 개신교가 복잡하게 결합해 있는 상태입니다. 특히 1876년 개항 이후 주로 미국에서 전래된 청교도 개신교의 영향이 가장 크다고 할 수 있습니다.

흔히 우리나라 기독교가 이스라엘에서 전래한 것처럼 착각하고 있으나, 이스라엘은 기독교의 발상지일 뿐입니다. 한국의 기독교는 영국에서 쫓겨나 신대륙 아메리카로 가서 정착했던, 미국의 청교도 개신교의 선교사들로부터 주로 전래되었습니다. 그들은 극단주의적 성향의 기독교인으로서, 오늘날 우리나라의 주요 교파인 장로교, 감리교, 침례교 등이 바로 그들의 후예입니다. 그들은 당시 조선 사람들의 기독교에 대한 반감을 없애기 위해 의료나 교육, 복지 사업 같은 간접적 형

구한말 선교사 호러스 알렌   **미국 북장로회 의료선교사 헤론**

태의 선교활동을 펼쳤습니다. 대표적으로 장로교 선교사 알렌, 헤론, 언더우드 등이 1885년 국립병원 광혜원을 열어 의료사업을 펼쳤고, 감리교 선교사 아펜젤러는 1885년 배재학당을, 스크랜턴의 어머니 메리 스크랜턴은 이화학당을 설립하여 교육사업을 펼쳤습니다. 이로부터 우리나라에 개신교 기독교의 영향력이 크게 확산했습니다.

그런데 일본 와코(和光) 대학의 기시다 슈 교수에 의하면, 기독교 가운데 개신교, 특히 청교도는 기존의 천주교보다 성적 터부가 훨씬 강했다고 합니다.

기독교는 처음부터 성에 대해 적대적인 종교였다. 그래도 가톨릭 교회가 지배하고 있던 중세의 성적 터부는 다분히 표면적인 현상일 뿐이었다. 중세 사람들은 교회의 감시의 눈이 미치지 못하는 곳에서 이런저런 형태로 어느 정도 섹스를 즐겼을 것으로 추측된다. 설령 성적인 죄를 범한다 해도 교회에 가서 신부에게 고백하고 참회하기만 하면 용서받을 수 있었다. 또한 가톨릭 교회가 중세를 지배했다고 해도, 서구 전체에 구석구석까지 구속력을 가졌던 건 아니다. (…) 그러나 주지하다시피 프로테스탄티즘, 특히 청교도주의의 경우 신자들은 교회를 매개로 하지 않고 오직 성서만을 의지하여 직접 신과 대면하지 않으면 안 되었다. 그에 따라 개인생활과 가정생활 및 사회생활의 전반에 걸쳐 엄격한 신의 계율이 그림자처럼 따라다녔다. 그 결과 표면적으로만 구속력을 가졌던 성적 터부가 이제는 생활의 구석구석까지 지배하기에 이른다.[221]

기독교는 본래부터 성에 대한 적대감이 강했지만, 개신교, 특히 청교도는 오직 성서만을 의지했기 때문에 성적 터부가 일상생활 곳곳에 자리 잡게 되었다는 것입니다. 그러므로 우리는 이들 청교도 개신교를 비롯한 기독교의 성윤리와 성의식에 대해 좀 더 체계적으로 알아볼 필요가 있습니다.

우선 기독교에서도 성을 매우 중요시했습니다. 성을 통해 인류를 존속시킬 수 있었기 때문입니다. 단, 기독교는 부정적 성의식을 갖고 있었습니다. 성은 이기적이고 쾌락을 추구하는 행위를 제공해왔다는 것입니다.[222] 당연히 성욕도 죄악시했습니다. 성욕은 인간을 죄에 빠뜨리는 악이라 규정하며 금욕을 강조했습니다. 아담이 원죄에 빠진 것도 바로 이 성욕 때문이라고 했습니다.

또한 기독교에서 성은 하나님의 신성한 영역으로, 사랑의 충만함 속에서 성교를 해야 한다고 했습니다. 성은 육체적인 세계에 속하지 않고 사랑의 세계에 속한다는 것입니다. 성은 유희나 장난감이 아니라

후고 반 데르 후스, 〈아담의 타락〉
빈, 미술사박물관

고 했습니다. 성은 그보다 훨씬 중요하고 완전무결한 것이었습니다.[223]

　　그에 따라 기독교에선 무엇보다 순결을 강조했습니다. 순결이란 혼인할 때까지 성적 경험이 없는 혼전 순결만이 아니라 결혼 후 간음, 즉 불륜을 저지르지 않는 것도 포함되어 있었습니다. 기독교는 젊은이들에게 순결한 상태로 혼인하도록 했고, 결혼한 부부들에겐 서로 신의를 지키라고 했습니다.

　　기독교에서 성교의 목적은 오로지 자손을 번식하는 데 있었습니다. 창세기 1장 27~28절에서 "하나님이 자기 형상, 곧 하나님의 형상대로 사람을 창조하시되 남자와 여자를 창조하시고, 하나님이 그들에게 복을 주시며 그들에게 이르시되 생육하고 번성하여 땅에 충만하라. 땅을 정복하라. 바다의 고기와 공중의 새와 땅에 움직이는 모든 생물을 다스리라 하시니라"고 했습니다. 성을 통해 자녀들을 생산함으로써 하나님의 창조 사역에 동참하도록 했던 것입니다.[224] 이렇게 하나님이 인간에게 성을 준 목적은 자녀를 낳아서 온 세상을 하나님의 나라로 만들기 위해서였습니다.

그와 함께 기독교에선 부부는 온전히 한 몸이 되어야 한다면서 일부일처제를 강조했고, 결혼 관계 이외의 성은 '음행' 또는 '음란'이라 하면서 죄악시했습니다. 신약성서 히브리서 13장 4절에서 "모든 사람은 혼인을 귀히 여기고 침소를 더럽히지 않도록 하라. 음행하는 자들과 간음하는 자들을 하나님이 심판하시리라"고 했고, 고린도전서 6장 18절에서도 "음행을 피하라. 사람이 범하는 죄마다 몸 밖에 있거니와 음행하는 자는 자기 몸에게 죄를 범하느니라"라고 했습니다. 심지어 개신교의 십계명에서도 두 구절에서 간음하지 말라고 했습니다. "7. 간음하지 못한다. 10. 너희 이웃의 집을 탐내지 못한다. 너희 이웃의 아내나 남종이나 여종이나 소나 나귀나 할 것 없이, 너희 이웃의 소유는 어떤 것도 탐내지 못한다."

한편, 위에서처럼 기독교는 출산을 중시했기 때문에 콘돔 사용이나 피임약 복용, 불임 시술, 질외 사정 등 어떤 형태의 피임도 금지했습니다. 피임은 새로운 생명의 잉태를 방해하려는 의도가 있기 때문입니다. 우리나라 기독교계에서 '생명윤리' 또는 '조기 성애화'라는 명분으로 끊임없이 피임 교육을 반대하는 이유도 바로 여기에 있습니다. 마찬가지로 낙태도 "생육하고 번성하라"는 하나님의 말씀에 위배되기 때문에 계속해서 금지하려 하고 있습니다.

자위행위도 성적 에너지를 사랑이 아닌 욕정을 해소하며, 출산과 무관하기 때문에 금기시하고 있습니다. 나아가 기독교 교회는 성교 체위까지도 제한했습니다. 일명 '선교사 체위'라는 남성 상위의 체위만을 정상위라 하여 허용하고, 그 밖의 체위들에 대해선 온갖 징벌을 가했습니다. 성감도가 가장 높다는 후배위는 특히 경계해야 할 것으로 간주하여 그 벌로 7년간의 고행을 부과했다고 합니다.[225]

동성애도 출산이 불가능한 행위이므로 죄악이라고 가르쳤습니다. 구약성서 레위기 18장 22절에서 "너는 여자와 교합함 같이 남자와 교합하지 말라. 이는 가증스러운 일이다"라고 했습니다.[226]

현재 한국에서 법으로 금지되어 있고, 성교육에서 필수 항목으로 포함되어 있는 매춘, 즉 성매매도 원래 기독교 성윤리에 기반한 것입니다. 구약성서 신명기 23장 17절의 "이스라엘 여자 중에 창기가 있지 못할 것이요. 이스라엘 남자 중에 미동(美童)이 있지 못할지니"라고 성경 구절에 기반하고 있는 것입니다.[227]

위에서도 언급한 바 있는 일본 와코 대학의 기시다 슈 교수는 『성은 환상이다』라는 저서에서 기독교의 성에 대한 지독한 혐오를 이렇게 지적했습니다.

사실 기독교만큼 성을 탄압한 종교는 찾아보기 힘들다. 기독교 초기의 교부들 중에는 인류의 존속을 위해 성교가 필요하다면 인류가 멸망하는 편이 더 낫다고 생각한 사람도 있었다. 그 정도로 성에 대한 거의 광적인 혐오가 있었다. 물론 어떤 사회에서든 강약의 차이는 있을지언정 어느 정도의 성적 터부는 존재한다. 그러나 기독교에서의 성적 터부는, 너무 섹스에 탐닉하면 좋지 않으니까 적당한 한도 내에 머무르게 하자든가,

섹스를 너무 공공연하게 드러내는 것은 부끄러운 일이니까 가능한 한 숨기자는 등의 단순한 것이 아니다. 기독교는 다른 어떤 종교, 다른 어떤 문화와도 비교가 되지 않을 만큼 성에 대해 현저하게 적대적이다.[228]

기독교는 다른 어느 종교보다 거의 광적일 정도로 성에 대해 혐오하고 탄압하는 종교라는 것입니다.

완전한 일부일처제와 불륜의 시대

한국 역사에서 완전한 일부일처제가 실현된 것도 기독교 성윤리에 의해서입니다. 위에서처럼 기독교에서의 성교는 결혼 관계 내에서 두 사람의 완전한 하나 됨의 표현이자 영적 관계의 상징이었습니다.[229] 그에 따라 혼전연애, 즉 결혼 전의 성교는 옳지 못한 결합이며 음행이었습니다. 심지어 사도 바울은 약혼한 남녀에게도 성교는 정당한 것이 못 된다고 했습니다. 당연히 혼외연애, 즉 결혼 관계 밖에서의 연애인 불륜이나 간통도 죄악이요 금지의 대상이었습니다. 성은 결혼 관계 내에서 행해야만 하나님의 목적에 부합하고, 결혼 관계 밖에서의 성은 죄악이기 때문입니다. 실제로 우리나라에서 혼외출산과 혼외연애, 다자간 연애와 일시적 관계가 완전히 금기시된 것도 기독교의 성윤리에 의해서입니다.[230]

앞에서처럼 고대로부터 우리 조상은 결혼하지 않고 성교해서 아이를 낳는 야합과 혼외출산을 주로 했고, 결혼 후의 혼외연애인 간통도 비록 법으로는 금지되어 있었을지라도 사회적으로 비교적 관대하게 여겨졌습니다. 간통이 워낙 흔하게 일어났기 때문입니다. 또한 지금까지는 거의 알려지지 않았지만, 과거 우리나라 여성들은 남편 이외에 성적 상대인 샛서방(애인)을 두는 것이 거의 일반적이었습니다. 특히 조선 전기엔 여성들이 한 명이 아닌 여러 명의 애인과 성적 관계를 맺는 간통사건을 자주 일으켰습니다. 대표적으로 세종대엔 6명의 여자가 온 나라를 떠들썩하게 만드는 초대형 간통사건을 일으켰는데, 그중 유감동은 세상에 밝혀진 남자만 해도 39명이나 되었습니다. 그럼에도 세종은 간통한 남녀의 처벌에 대해 한없이 관대하기만 했습니다. 성은 인간의 자연스러운 본능이어서 억지로 누른다고 해서 해결될 수 있는 게 아니며, 그럴수록 오히려 문제를 더욱 심각하게 만들기 때문입니다. 이것이 바로 성군 세종대왕의 간통에 대한 대처방식이었습니다.

더 나아가 양인층 여성들은 16세기 박의훤의 아내들이 잘 보여주었듯이, 이미 혼인하여 자녀를 두었음에도 몰래 간통하거나 샛서방을 두고 거의 공개적으로 간통했습니다. 그녀들에게 간통은 그야말로 일상적인 행위였습니다. 재미있는 점은 그녀들의 남편 박의훤의 태도입니다. 그는 아내들이 다른 남자와 간통해도 오늘날처럼 배신이니 불륜이니 하면서 분노하거나 폭력을 행사하지 않고 그저 무덤덤하게 받아들일 뿐이었습니다. 당시 성리학적 성윤리는 양인층 여성들에겐 적용되지 않았고, 그에 따라 평민층 여성들은 자기감정을 솔직히 표현하며 살 수 있었기 때문입니다. 노비층 여성들은 양인들보다 더욱 자유분방하여 결혼 전이든 후이든 상관없이 여러 남자와 관계하며 살아갔습니다.

하지만 근대 이후 기독교가 한국의 주도적인 종교가 되고, 위와 같은 기독교의 일부일처제 부부 중심의 성윤리가 우리 사회에 널리 보급되면서, 결혼 관계 이외의 모든 성관계는 '불륜'이라 하면서 사회적

비난의 대상이 되거나 불법적인 행위가 되었습니다. 따지고 보면 '불륜'이라는 용어 자체도 기독교의 성윤리에서 나왔다고 볼 수 있습니다. 앞에서처럼 조선 시대엔 혼외연애, 즉 혼외정사를 흔히 '간통'이라는 법적 용어로 썼습니다. 간통이라는 용어는 우리나라에서 간통죄가 폐지되는 2005년까지도 주로 썼습니다. 하지만 이후 간통죄가 폐지되고 드라마나 예능 프로그램, 인터넷 등에서 '간통' 대신 '불륜'이라는 좀 더 자극적이고도 도덕적·종교적 용어를 더 자주 쓰고 있습니다. 그런데 여기서 우리가 놓쳐서는 안 될 것이 있습니다. 불륜이란 말 그대로 "윤리에서 벗어나는 것"이라는 뜻인데, 여기서 윤리는 과거 성리학의 윤리·도덕을 지칭하기도 하지만, 그보다는 오히려 현대 기독교의 성윤리, 즉 위와 같은 일부일처제 부부 중심의 성윤리를 어긴 것이라는 뜻에 더 가깝다는 것입니다.

폐쇄적이고 폭력적인 일부일처제를 넘어서

현재 한국 사람들은 완전한 일부일처제의 신화에 빠져 있다고 해도 과언이 아닙니다. 성은 철저히 부부관계 안에서 독점적으로 이루어져야 하며, 거기에서 벗어난 불륜은 그야말로 천인공노할 죄악처럼 여기고 있습니다. 요즘은 그것이 더욱 확대되어 아직 결혼도 하지 않은 연인 관계에서의 이른바 '양다리'도 마치 불륜처럼 취급하며 철저한 응징의 대상이 되었습니다. 그래서인지 날이 갈수록 젊은 세대 사이에서 결혼 자체를 기피하는 현상이 점점 심화되고 있습니다. 사람의 마음은 시시때때로 변하기 마련인데, 자칫 사람을 잘못 만났다간 사회적으로 완전히 매장되거나, 심하게는 상대방에게 폭력이나 죽임을 당할 수도 있기 때문입니다. 이제 한국에서의 연애나 결혼은 행복한 삶의 토대가 아닌, 자기 인생이나 목숨을 걸어야 하는 감옥 혹은 무덤이 되어버린 것입니다.

그런데 일본의 사카쓰메 신코가 쓴 『당신이 흔들리는 이유』에 의하면, 불륜은 예기치 못하게 발생하는 교통사고나 독감과도 같다고 합니다. 부부간의 애정이나 신뢰 여부, 깊이와 상관없이 누구에게나 갑작스럽게 일어날 수 있는 일이라는 것입니다.[231] 또한 동서고금을 막론하고 역사적으로 불륜을 금지하고 박멸하기 위해 온갖 시도를 다 했지만, 대부분 실패로 끝났다고 합니다. 불륜의 열정과 충동은 법률도, 종교도, 사회규범도 가볍게 뛰어넘어버리기 때문입니다.[232] 더 나아가 현재의 폐쇄적이고 폭력적인 형태의 일부일처제는 다음과 같은 구조적 결함을 갖고 있습니다.

우선 생물계에서 불륜은 당연한 현상입니다. 우리 인간이 속한 포유류 중 일부일처제를 따르는 종은 고작 3%에 불과합니다. 그마저 조류의 경우 전체 90%가 사회적으로는 일부일처제를 따르고 있으나 성적으로는 매우 난잡한 관계를 맺고 있습니다. 혼외성교로 더 우수한 자손을 얻고, 자기 자신과 자손의 물질적 혜택을 받을 수 있기 때문입니다. 이렇게 자연계에서 일부일처제는 애초부터 존재하기 어려운 허상과도 같은 것입니다.[233]

인류 역사에서 일부일처제가 자리 잡은 것도 그리 길지 않습니다. 600만 년 인류 역사에서 고작 1%밖에 되지 않은 1만 2천 년 전 농업사회에서 생겨난 것입니다. 농업사회가 되고 잉여생산물의 축적으로 가부장제가 출현하면서, 남성들이 자신의 소유물인 여자를 안전하게 지키고 재산을 자기 자식에게 확실히 물려주기 위해 만든 전략적인

자신없어?
평생 한 사람만
사랑할 자신

나를 두고… 또!
아내가
결혼했다

김주혁 손예진

영화 〈아내가 결혼했다〉
공식 포스터(2008년 작)

제도였습니다. 당연히 일부일처제는 필연적으로 남성 가부장의 소유
욕과 질투욕이 동반되기 마련이었고, 그에 따라 폭력과 살인이 난무하
게 되었던 것입니다. 이렇게 일부일처제는 폭력적이고 착취적인 남성
중심의 사회문화적 특성에 기원을 두고 있습니다.[234]

　　그런데 더욱 심각한 문제는 현대 인류의 수명 증가에 따른 결혼
생활의 장기화입니다. 과거 농업사회의 기대수명은 40세로, 이 시기의
사람들은 아무리 억압적인 일부일처제라 하더라도 길어야 20~25년
정도의 결혼생활을 하면 되었습니다. 하지만 현대는 100세 시대로 한
남자와 한 여자가 70년 정도의 결혼생활을 해야 하는 인류 역사에서

전무한 상황에 처해 있습니다. 요즘 한국과 일본에서 졸혼이나 황혼이혼이 날이 갈수록 증가하는 것도 이 때문입니다. 위에서처럼 시시때때로 변하는 인간의 마음으로 대략 70여 년을 함께 살기란 결코 쉬운 일이 아닐 것입니다. 아마 결혼생활을 사제자의 수도, 즉 득도의 과정이라 생각하지 않고는 불가능할 것입니다.

현대 사람들은 농업사회를 기준으로 계산하면 최소한 2~3번씩 결혼해야 합니다. 하지만 그것은 가족이나 친족관계, 재산상속 등 여러모로 번거로운 일이라서, 사람들은 불가피하게 불륜을 통해 삶의 활력과 행복을 추구하는 것이 아닐까 합니다. 다시 말해 현대사회의 불륜은 단순히 개인의 변심(變心)이나 신의 계율을 어긴 것이라는 도덕적·종교적 문제에 국한된 것이 아닌, 인간의 수명이 늘어나고 결혼생활이 길어지면서 발생하는 사회구조적인 문제라는 것입니다. 그러므로 우리는 기독교의 완전한 일부일처제 신화에 빠진 채 '부부 아니면 불륜'이라는 이분법의 한계를 인식하고, 100세 시대에 걸맞은 새롭고 다양한 연인관계의 방식을 모색해나가야 할 것입니다.[235]

14장
무섭게 확산하는 기독교 성윤리와 폐해

기독교 성윤리에 점령당한 대한민국

요즘 한국 사회에서 기독교 성윤리는 정말 무섭게 확산하고 있습니다. 우리는 그 중에서도 정치와 법, 교육, 미디어 분야에서의 경우만 간단히 살펴보겠습니다.

정치계

정치란 모든 사람에게 평등한 '공공성'이 생명입니다. 특정 단체나 종교에 빠진 채 그들의 이익만 대변하려고 하면, 이미 정치로서의 공정성은 무너지고 마는 것입니다. 그런데 얼마 전 서울시의회에선 특정 보수단체의 민원을 받아 기독교 성윤리를 담은 조례를 제정하려다가 교원단체의 반발에 부딪혀 그만둔 적이 있었습니다. 서울시의회가 제정하고자 한 조례의 내용은 대략 다음과 같았습니다.

첫째, "성관계는 혼인 관계 안에서만 이루어져야 한다"는 것이었습니다. 이는 위에서처럼 기독교의 결혼주의와 부부 중심의 성윤리로, 결혼 전이나 동거, 연인 관계에선 절대로 성교할 수 없다는 것입니다. 다시 말해 결혼하지 않으면 성관계도 할 수 없다는 것입니다.

둘째, 학교에서 시행하는 성교육의 목적은 절제에 주안점을 두어야 한다는 것입니다. 우리나라 학교의 성교육은 바로 기독교의 순결 교육이 되어야 한다는 것입니다. 이에 대해서는 아래에서 좀 더 자세히 살펴보도록 하겠습니다. 심지어 그들은 성교육에서 피임기구를 가르치는 것도 '조기 성애화'를 부추긴다면서 이를 제지할 수 있다고 했습니다.

셋째, 만약 교사들이 이를 비판하면 '성·생명 윤리 위반 행위'로 제보하도록 했습니다. 위와 같은 조례에 반발하는 교사들의 경우 법적으로 제재를 가할 수도 있다는 것입니다.[236]

물론 이 조례는 교원단체의 반발로 폐기되고 말았지만, 기독교 성윤리가 '생명 윤리'라는 명분으로 포장되어 공공성이 중요한 정치계와 교육계에까지 파고들려고 적극적으로 시도하고 있음을 잘 보여주고 있습니다.

이와 유사하지만 더욱 심각한 경우가 충남 지역에서도 일어났습니다. 충남의 한 도의원이 본회의에서 긴급 현안 질문을 통해 학교 도서관 및 공공도서관에 비치된 성교육 도서의 부적절성을 지적하며 그 가운데 7종의 도서에 대한 열람을 제한하도록 요구했습니다. 그는 "7종의 도서를 살펴봤는데 낯 뜨거운 표현이 대부분으로 교육 목적으로 보기 어렵다"고 설명했습니다. 물론 그 도의원의 요구 배경에는 '꿈·키움·성장 연구소'라는 명의를 내세운 기독교의 보수단체가 있었습니다. 이는 그 단체가 충남 일대 도서관에 보낸 공문을 보면 쉽게 알 수 있습니다.[237] 그들이 폐기 처분하도록 요구한 7종의 책은 『아이는 어떻게 태어날까?』, 『여자 남자, 할 일이 따로 정해져 있을까요?』, 『우리 가족 인권선언』 등으로 한때 여성가족부에서 '나다움어린이책'으로 지정했다가 보수 종교단체의 항의로 철회된 것들이었습니다.

그들이 집요하게 민원을 제기하자, 당시 충남도지사는 "7종의 도서에 대해 도내 36개 도서관에서 열람을 제한했다"고 밝혔습니다. 그에 따라 시민단체와 해당 도서의 작가들이 현대판 분서갱유이자 인권침해라며 국가인권위원회(인권위)에 진정서를 내기도 했습니다. 하지만 당시 충남도지사는 "인권위에서 그런 결정이 있다 해도 나는 따르지 않을 것이다", "인권위가 최고의 선은 아니지 않느냐"며 강한 어조로 반발했다고 합니다. 일부 기독교단체가 자신들의 성윤리를 사회에 주지시키기 위해 얼마나 집요하게 활동하고 있는지 잘 보여주는 사례가 아닐까 합니다.[238]

법조계

정치와 마찬가지로 법도 모든 사람에게 공정한 판결이 생명입니다. 법은 그 자체로 중립적이어야 하고, 항상 객관적 증거와 법률에 의거하여 판결해야 합니다. 법이 주관적인 감정이나 도덕, 종교와 만나는 순간 판결은 공정성을 잃고, 그만큼 나라와 국민은 혼돈에 빠지게 됩니다. 그런데 요즘 한국의 법조계는 간통은 부도덕하다는 성리학의 도덕주의·금욕주의와 불륜을 금기시·죄악시하는 기독교의 성윤리에 빠진 채, 누군가 불륜을 저질렀다 하면 거기에만 매몰되어 형평성에 어긋난 판결을 내리는 경우가 날이 갈수록 늘어나고 있습니다. 대표적으로 몇 가지 사례를 살펴보도록 하겠습니다.

과거에 자신의 아내와 바람을 피운 적이 있는 남자가 볼일이 있어 다시 그녀의 사업장을 찾아오자, 남편이 그의 급소를 때려 숨지게 한 사건이 있었습니다. 다시는 자기 아내에게 연락하지도 말고 사업장도 출입하지 말라고 했는데, 그것을 어겼다고 때려죽인 것입니다. 이에 법원에선 과거 자기 아내와 불륜을 저지른 내연남을 때려죽였다는 사정을 참작하여 그에게 징역 2년만 선고했습니다.[239] 불륜은 무조건 부도덕하고 죄악이라는 성윤리를 기반으로, 살인보다 불륜에 더욱 비중을 둔 판결을 내린 것입니다.

또한 남편의 불륜에 배신감을 느낀 아내가 불법으로 남편 이메일에 접속해 내연녀와의 성관계 사진과 영상을 빼내어 이를 세상에 퍼뜨리겠다고 협박한 사건이 있었습니다. 1심 재판부에선 그녀에게 징역 1년에 집행유예 2년을 선고했지만, 2심 재판부에선 그녀가 불륜에 대한 배신감에 우발적으로 범행을 저질렀다는 경위를 참작하여 원심을 깨고 선고유예 판결을 내렸습니다.[240] 개인정보보호법 위반이나 명예훼손죄 같은 인권침해보다 불륜에 대한 개인적 배신감에 초점을 맞추고 판결을 내렸던 것입니다.

이와 반대로 이혼소송 중인 아내의 외도사실을 직장에 알려 "평생 얼굴을 들지 못하도록 만들겠다"고 협박한 40대 남성에게는 유죄판결을 내리기도 했습니다. 당시 재판부는 "여성 B 씨가 외도를 저지른 사실이 직장에 알려질 경우 회복할 수 없는 정신적 고통을 얻게 될 수밖에 없다"면서 "피고인(남편)의 발언은 B 씨의 의사결정 자유를 제한하거나 의사실행 자유를 방해하기에 충분한 내용"이라고 판단했습니다. 이어서 "굳이 범죄사실과 같은 말을 하지 않았더라도 손해배상 소송이나 이혼 소송과 관련한 유리한 증거를 수집할 수 있었다"고 지적했습니다.[241]

교육계

　기독교 성윤리와 성의식은 교육계, 특히 성교육 분야에도 지대한 영향을 미치고 있습니다. 요즘 성에 관한 사건과 사고가 계속 이어지면서 학교와 사회에서 성교육 열풍이 불고 있습니다. 심지어 사교육 시장에선 성교육 그룹 과외까지 유행하고 있는 실정입니다.

　현재 초·중·고등학교에서는 연간 15시간의 성교육을 해야 합니다. 그런데 우리나라 학교 성교육은 주로 임신과 출산 과정을 통한 순결 교육, 성폭력 예방법을 통한 부정적 성의식 주입 등이 주를 이루고 있습니다. 그런데 이것들은 주로 기독교 성윤리와 성의식에서 나온 것입니다. 예컨대 앤서니 퍼시의 『쉽게 쓴 몸의 신학』에 의하면, 지난 시절 기독교 교회는 혼전 성관계나 자위행위, 간음, 피임, 성적 환상 등이 죄스럽고 해로운 것이라고 가르쳤다고 합니다. 그들은 사람들에게 순결한 상태로 결혼하도록 강요했습니다. 성은 완전무결한 것이므로 보호가 필요하다는 것입니다. 또한 '~하지 마시오'라고 강조하면서 성병이나 성범죄에 대한 두려움을 고취하는 것이 교회가 성에 대처하는 주된 수단이었다고 합니다. 현재 우리나라 성교육은 이것들을 거의 그대로 따르고 있는 듯합니다.[242]

　사교육 시장에서의 성교육은 더욱 가관입니다. "아빠가 뽀뽀해도 될까?" 요즘 이런 유행어를 퍼뜨리며 인기를 끄는 한 성교육 강사가 있습니다. 부모들에게 이젠 자기 자식이 귀엽고 예뻐서 뽀뽀하고 싶을 때도 사전에 허락받고 하라는 것입니다. 그는 약간의 성적 긴장감이 있어야 서로 건강한 관계로 성장할 수 있다고 주장합니다. 특히 그는 아들, 딸이 어릴 때 자기 몸에 대해 스스로 결정을 내리고 판단할 수 있는 '성적 자기결정권'을 길러주는 것이 가장 중요하다고 말합니다. 물론 성적 자기결정권은 해외의 경우 누구나 자기 성은 자기가 주관해서 행사해야 한다는 적극적 권리라는 의미로도 사용하는데, 우리나라에서는 다른 사람은 결코 내 몸을 만지거나 폭행할 수 없다는 방어적 의미로 사용하고 있습니다.[243] 문제는 그러한 성교육이 성에 대한 긴장감을 넘어 공포감을 조장하고 있다는 것입니다. 또한 사람들에게 성에 대해 지나치게 민감하게 만들어서 때로 불필요한 갈등을 부추기고 있다는 것입니다. 대표적인 예로 과거엔 당연하고 자연스럽게 받아들여졌던 어린아이의 성적 장난조차 요즘엔 성희롱이나 성추행, 심지어는 성폭력으로 인식하여 부모들이 서로 다투고 고소와 고발을 남발하고 있습니다.

우리나라의 직장 내 성교육도 주로 기독교 성윤리에 기반하여 이루어지고 있습니다. 저자도 매년 '인권과 성평등 교육'을 필수로 이수하고 있습니다. 주로 성희롱·성폭력 예방, 디지털 성폭력, 가정폭력, 여성폭력, 성매매 근절 등을 꽤 긴 시간 동안 들어야 합니다. 이것들은 주로 교육부가 아닌 여성가족부가 주관해서 만든 교육 프로그램이나 동영상인데, 그 결과 여러 가지 문제점을 낳고 있습니다. 우선 위와 같은 학교 성교육 내용처럼 순결 의식이나 성폭력 예방법을 통한 부정적 성의식의 고취, 성은 부부관계 내에서만 이루어져야 한다는 기독교의 일부일처제 부부 중심적 성윤리를 강조하고 있다는 점입니다. 더욱 심각한 문제는 그것들이 주로 여성 중심의 입장에서, 그것도 여성을 피해자적 입장에 놓고 설명하고 있다는 점입니다. 당연히 남성은 성폭력의 가해자로 비치고, 특히 날이 갈수록 남성들이 성폭력이나 가정폭력을 당하는 경우가 늘어나고 있음에도 그에 대해서는 여전히 눈을 감고 있다는 것입니다. 그에 따라 날이 갈수록 우리 사회에서 남녀 간 젠더

갈등이 심해지고 있습니다. 기타, 성폭력 문제를 무조건 법을 강화하는 것으로만 해결하려고 하는데, 앞으로는 성의 역사나 철학, 문화 등을 통해 성에 대한 올바른 이해나 인식, 제도 개선 같은 다양하고 창의적인 노력이 필요해 보입니다. 이젠 우리나라 성교육도 성폭력 예방교육 같은 부정적 측면만 강조할 것이 아니라 성의 아름다움과 소중함, 건강한 성생활 같은 긍정적 측면의 올바른 성의 가치관을 확립할 수 있도록 해야 할 것입니다.

미디어계

끝으로 요즘 방송이나 영화, 인터넷 등 미디어의 영향력은 그야말로 절대적이라고 해도 과언이 아닙니다. 현대인은 거의 종일 스마트폰을 통해 각종 미디어를 접하며 살아가기 때문입니다. 그런데 성에 대한 왜곡이 가장 심한 곳이 바로 미디어 분야입니다. 우리나라 미디어 속에서 성은 대중적으로 말할 수 없는 것, 숨겨야 하는 것, 은밀한 행위로 치부되고 있습니다. 아예 성에 관한 논의 자체를 부도덕하다고 인식하여 죄악시하고 있습니다. 심지어 가장 도전적이고 실험적인 장르인 영화에서마저 요즘은 섹슈얼한 장면을 찾아보기 어렵게 되었습니다. 또한 방송에선 불륜 같은 다자간 연애와 일시적 관계는 절대 금기시되는 것으로 묘사하면서, 한국의 성의식을 더욱 부정적이고 극단적으로 몰아가고 있습니다. 특히 요즘 드라마는 남녀 사이에서 어느 한쪽이 바람을 피우면 그에 대해 철저히 응징하는 이른바 '불륜 징계담'이 무한정 반복되고 있습니다. 앞에서 설명한 것처럼 조선 전·중기만 해도 양반사대부들이 다양한 음담패설집을 편찬하여 삶의 활력과 여유를 추구했다는 점을 다시 한번 기억했으면 합니다.

부정적 성의식의 폐해

성폭행을 당했다!

요즘 한국 사회의 성의식은 역사상 유례를 찾기 힘들 정도로 민감한 이슈이고 극단적으로 부정적입니다. 앞에서 언급한 것처럼 조선 전·중기 성리학의 도덕주의와 금욕주의, 조선 후기와 근·현대 기독교의 금기시와 죄악시까지 결합하여 성에 대한 사람들의 인식이 그야말로 민감하고 부정적인 편입니다. 그래서인지 날이 갈수록 성을 무기로 삼아 상대를 모함하는 이른바 '무고사건'이 계속 증가하고 있습니다. 예를 들어 한 여고생이 같은 학교에 다니는 남자친구의 일방적 이별 통보에 분노하여 그를 강제추행과 유사강간으로 고소했습니다. 남자친구가 자신의 배, 허벅지, 성기 등을 만지고, 화장실로 데려가 강제로 구강성교를 하게 했다는 것입니다. 하지만 수사 결과는 '혐의없음'이었고, 여고생의 무고로 밝혀졌습니다.[244] 또한 만취 상태로 택시에 탄 어느 여성은 기사에게 "칼 맞을래?"라고 하면서 갖은 욕설과 폭행을 가하다가, 경찰이 출동하자 도리어 자신이 성추행을 당했다고 주장하면서 무고했습니다. 이 때문에 택시 기사는 피해 보상 보험금도 받지 못하여 결국 언론에 제보할 수밖에 없었다고 합니다.[245]

이와 같이 한국 사람들의 성의식이 매우 민감하고 부정적이기 때문에 정치인들도 한번 성문제에 연루되면 사실관계 여부를 떠나서 더 이상 회생할 수 없는 길을 가게 됩니다. 선진국, 특히 유럽에선 "정치인은 정치만 잘하면 된다"라는 능력을 중시하는 경향이 강합니다. 반면에 미국이나 일본, 한국 등처럼 종교주의·도덕주의가 강한 나라들에선 그 정치인의 사생활도 매우 중요하게 생각합니다. 예를 들어 프랑스 마크롱 대통령의 경우 15세 때 자녀가 세 명인 39세의 여교사와 사랑에 빠져 결국 결혼에 골인했습니다. 하지만 프랑스 국민은 이러한 마크롱의 스캔들에도 불구하고 역대 최연소 대통령으로 선출했습니다. 과연 대한민국에서 이런 스캔들을 가진 후보가 출마하여 상대 진영의 맹렬한 인신공격에서 살아남고, 한 나라의 대통령으로까지 당선될 수 있을까요?

실제로 한 지자체 도지사의 경우 당시 대통령 후보로까지 거론될 정도로 승승장구했습니다. 그런데 수행 여비서가 갑작스레 인기 방송프로그램의 저녁 뉴스에 나와 "성폭력을 당했다"고 폭로했습니다. 대한민국은 법치국가임에도 먼저 법에 의지하지 않고 언론에 제보한 것입니다. 그 도지사는 곧장 여비서에게 사과와 함께 도지사직 사퇴와 정치활동 중단을 선언했습니다. 다만 그는 계속 자신들은 합의에 의한 관계, 즉 연애 관계였으며, 성관계 시 위력은 없었다고 주장했습니다. 1심 재판부에서도 두 사람이 직장 내의 위계 관계인 점은 인정되나 검찰이 제출한 증거만으로는 위력에 의한 간음과 추행을 인정하기 어렵다고 하면서 무죄를 선고했습니다. 하지만 2심 재판부는 그 여비서의 진술이 사소한 부분에선 불명확하더라도 그 '진정성'을 함부로 배척해서는 안 된다고 하면서 1심 선고를 뒤집고 성폭력으로 인정하여 법정구속했습니다.[246] 이후 그는 성폭력 전과자가 되어 정계를 떠날 수밖에 없었습니다. 한국 사회에서 성문제가 얼마나 치명적인지 실감할 수 있는 대표적인 사건이 아닐까 합니다.

국가의 무작위한 성통제

요즘 성에 대한 부정적 인식이 심해서인지 국가도 거의 무작위한 형태로 성통제를 가하고 있습니다. 대표적으로 음란물 사이트 차단과 성인용품 관리를 들 수 있습니다.

한국 정부는 성인 영상물을 매우 불순하고 끔찍한 것으로 여기고 있습니다. 사람들이 그것을 보면 그만큼 성범죄율이 올라간다고 생각하고 있는 듯합니다. 그래서 성과 관련된 모든 영상물에 19금 딱지를 붙여 성인 인증을 하지 않으면 볼 수 없도록 해놓았습니다. 어쩌면 현대가 오히려 조선 시대보다 성이 더욱 폐쇄적이고 퇴보한 듯합니다. 단적인 예로 조선 시대엔 당시 음란물이라 할 수 있는 '춘화'를 왕실이나 양반, 평민 할 것 없이 누구나 자유롭게 구경하며 성교육의 교재로 활용토록 했습니다. 하지만 요즘 인터넷에서 춘화를 보려면 성인 인증을 해야 하거나 성기 부분이 모자이크로 처리된 해괴한 그림을 봐야 합니다. 조선 시대가 오히려 음란물에 대해 더욱 개방적이었던 것입니다. 물론 불법적인 음란물은 철저히 규제하고 처벌해야겠지만, 정상적으로 생산·유통되는 음란물까지 그렇게 철저하게 규제할 필요가 있을지 모르겠습니다.

성인용품도 마찬가지입니다. 사람들은 성적인 욕구를 해소하거나 더 나은 성적 즐거움을 추구하기 위해 성인용품을 찾곤 합니다. 이는 지극히 본능적이고 자연스러운 행위입니다. 그런데 우리나라는 아직도 성인용품을 성적 타락을 유발한다고 부정적으로 바라보며 제대로 관리하지 않고 있습니다. 여전히 성인용품 관련 주무부처가 없어 각종 규제가 모호하고, 구체적인 매뉴얼도 부족하다는 게 해당 업계의 의견입니다. 특히 해외에서 들여오는 성인용품은 심의위원회를 거쳐야만 수입이 허용되는데, 세관별로 미풍양속을 해친다는 명분으로 규제하는 물품이 달라 자칫하면 수입이 허용되지 않는다는 것입니다.

사람은 하지 말라는 것을 오히려 더 하고 싶어 하는 이상한 심리가 있습니다. 국가가 성을 강력히 통제할수록 국민은 억제되었던 욕구를 제어하지 못해 본의 아니게 성범죄를 저지르게 된다는 것입니다. 국가는 무작정 성을 강력하게 통제하기보다 국민에게 어렸을 때부터 체계적이고 올바른 성교육을 하는 게 더욱 중요하지 않을까 합니다.

인구문제도 성문제다

요즘 한국에서 날로 심각해져가는 인구문제, 즉 저출생 현상도 기본적으로 현대의 폐쇄적이고 부정적인 성의식에 비롯되었다고 볼 수 있습니다. 근래 한국의 합계출산율은 0.6~0.7명대로 세계 최저 수준입니다. 이런 저출생 현상이 지속되면 한국은 지구상에서 사라지는 '제1호 인구소멸국가'가 되리라는 게 인구학 전문가들의 공통된 견해입니다. 정부나 인구학 전문가들은 그 원인으로 높은 집값과 교육비 부담, 여성 차별 등을 꼽고 있습니다.

하지만 외국의 인구학 석학들, 대표적으로 영국 옥스퍼드대 명예교수인 데이비드 콜먼은 결혼주의나 과한 노동, 교육열 같은 한국의 고질적인 것들을 먼저 버리라고 주문하고 있습니다. 특히 데이비드 콜먼 교수는 지금처럼 경제적 지원만으론 부족하고 성과 출산 문화가 바뀌어야 한다면서, 선진국들처럼 비혼 출산을 늘릴 것을 당부했습니다.[247] 실제로 결혼하지 않고 혼자서 또는 동거 커플의 형태로 아이를 낳아 키우는 비혼 출산의 비율이 유럽은 30~50%를 차지하지만, 우리나라는 2% 정도에 불과합니다. 선진국 가운데 대표적인 다산국가인 프랑스의 경우는 비혼 출산 비율이 62%를 넘어서고 있습니다. 프랑스는 미혼이나 동거 형태로 아이를 낳는 걸 부끄럽게 여기지 않고, 미혼이나 동거, 동성 등 다양한 가족 형태를 제도적으로 지원하고 있습니다.[248] 그에 비해 우리나라는 여전히 성인 남녀가 반드시 결혼해서 아이를 낳는 일부일처제 부부 중심의 성과 출산 문화를 고집하고 있습니다. 그 밖의 출산에 대해선 미혼모니, 한부모가정이니, 혼외출산이니 하면서 사회적으로 낙인을 찍어 배척하고 있습니다.

하지만 앞의 고대 편에서 살펴보았듯이 우리는 원래 결혼하지 않고 아이를 낳아 키우는 야합과 혼외출산의 후예들입니다. 조선 시대에도 인구의 10~20%를 차지하는 양반층만이 혼인 여부를 따졌지, 나머지 80~90%를 차지하는 양민층이나 노비층은 공식적인 혼인제도보다 개인 간의 육체적 관계를 더욱 중시했습니다. 오늘날 우리가 절대시하는 결혼주의, 일부일처제 부부 중심의 성과 결혼 및 가족제도는 조선 전·중기 이후 성리학, 조선 후기와 근·현대의 기독교에 의한, 다시 말해 모두 외래 사상과 종교의 산물이었던 것입니다.

결국 현대의 인구문제는 기본적으로 우리 고유의 개방적이고 자유로운 성과 결혼 및 가족 문화가 회복되어야 해결될 수 있으리라 봅니다. 또 프랑스의 경우처럼 아이를 낳기만 하면 양육과 교육은 모두 국가가 책임진다는 선진적인 제도와 의식이 하루빨리 마련되어야 할 것입니다.

자신만의 성 가치관을 수립하자

얼마 전 한국인의 행복 수준이 전 세계 32개국 중 최하위권인 31위에 그쳤다는 조사 결과가 나왔습니다. 경제나 사회적 상황은 물론 정서적인 부문에서도 가장 낮은 수준의 행복도를 보였다고 합니다.[249] 저자는 그 주요 원인 중 하나가 한국의 폐쇄적이고 부정적인 성문화 때문이라고 생각합니다.

성은 식욕, 수면욕과 함께 인간의 3대 본능이자, 사람이 행복하게 살아가는 데 원동력이 되는 중요한 욕구입니다. 그런데도 우리는 밥을 잘 먹고 잠을 잘 자면 좋다고 칭찬하면서도, 유독 성에 대해 얘기하면 이상한 눈초리로 바라보며 부도덕하고 범죄자 취급을 하려고 합니다. 인간의 성이 그토록 위험하고 무서운 것인가요? 이젠 우리도 성에 대해 좀 더 개방적이고 긍정적으로 인식할 필요가 있습니다. 성은 자연스럽고 건강하고 행복한 것입니다. 또한 인구를 재생산하여 후세를 이어가는 매우 중요한 종족 번식 수단입니다.

그러므로 이젠 국가나 사회에서 강제적으로 규정해준 것이 아닌, 각자 자신만의 성에 대한 가치관을 수립한 뒤, 그에 따라 건강하고 행복한 성생활을 영위해나갈 필요가 있습니다. 성은 사람의 얼굴만큼이나 천차만별이어서 앞서 성리학이나 기독교에서 말하는 것처럼 어떤 특정한 규범이나 법칙을 만들 수 있는 게 아닙니다. 여러분 각자가 성에 대한 폭넓은 지식을 쌓아 자신만의 성 정체성을 수립하는 게 가장 중요합니다.

그와 함께 우리는 자신과 입장이 다른 성에 대한 관용과 포용력을 키울 필요가 있습니다. 남의 성에 대해 함부로 판단하고 배척하기보다는 우선 그 자체로 인정하고 지켜봐주는 여유가 필요하다는 것입니다. 제발 당부하지만 자기 성을 기준으로 성급하게 남의 성을 판단하고 무조건 징치하려고 드는, 도덕과 종교에 기반한 어리석은 '정의의 사도'가 되지 말았으면 합니다. 그때에야 비로소 한국도 성에 대해 개방적이고 자유로운 나라가 되고, 그만큼 삶의 행복도도 올라가는 수준 높은 나라가 될 것입니다.

미주

1 _____ 윤가현, 『문화 속의 성』, 학민사, 2001, 80면.

2 _____ 정태섭 외, 『성, 역사와 문화』, 동국대학교 출판부, 2002, 160면; 한국역사연 구회, 『삼국시대 사람들은 어떻게 살았을까』, 청년사, 2005, 60면.

3 _____ 한국역사연구회, 위의 책, 61면; 이태호, 『한국의 에로티시즘』, 여성신문사, 1998, 42-46면.

4 _____ 마저리 쇼스탁, 『니사』, 유나영 옮김, 삼인, 2000.

5 _____ 마저리 쇼스탁, 위의 책, 유나영 옮김, 374면.

6 _____ 히구치 기요유키, 『일본인의 성』, 이원희 옮김, 예문서원, 1995, 32면.

7 _____ 정태섭 외, 위의 책, 133-138면.

8 _____ 이민수 옮김, 『삼국유사』, 을유문화사, 1983, 44면.

9 _____ 이민수 옮김, 위의 책, 59면.

10 _____ 이종철 · 황보 명, 한국 고대의 성문화, 『강좌 한국고대사』 8, 가락국사적개발 연구원, 2002.

11 _____ 『양서』, 「동이열전」, 〈고구려〉(『중국정사조선전』, 국사편찬위원회, 1986, 75면).

12 _____ 『삼국지』, 「위서 동이전」, 〈고구려〉(『중국정사조선전』, 국사편찬위원회, 1986, 36면).

13 _____ 『주서』, 「이역열전」, 〈고구려〉(『중국정사조선전』, 국사편찬위원회, 1986, 101면).

14 _____ 『북사』, 「열전」, 〈고구려〉(『중국정사조선전』, 국사편찬위원회, 1986, 124면).

15 _____ 『삼국지』, 「위서 동이전」, 〈고구려〉(『중국정사조선전』, 국사편찬위원회, 1986, 36면); 『북사』, 「열전」, 〈고구려〉(『중국정사조선전』, 국사편찬위원회, 1986, 124면).

16 ___ 이종철·황보 명, 위의 책, 143-144면.

17 ___ 김부식, 『삼국사기』 I, 이강래 옮김, 한길사, 1998, 325면.

18 ___ 김부식, 위의 책, 이강래 옮김, 352-353면.

19 ___ 『삼국지』, 「위서동이전」, 〈고구려〉(『중국정사조선전』, 국사편찬위원회, 1986, 36면).

20 ___ 이종철·황보 명, 위의 책, 156-157면.

21 ___ 김부식, 『삼국사기』 I, 이강래 옮김, 359-360면.

22 ___ 리상호 옮김, 『북역 삼국유사』, 신서원, 1990, 234-247면.

23 ___ 김부식, 『삼국사기』 II, 이강래 옮김, 865-866면.

24 ___ 리상호 옮김, 위의 책, 126-128면.

25 ___ 이명수, 『한국인과 에로스』, 지성문화사, 1996, 95면.

26 ___ 이태호, 앞의 책, 100면.

27 ___ 이종철, 『한국의 성 숭배문화』, 민속원, 2003, 66-67면.

28 ___ 리상호 옮김, 위의 책, 532-533면.

29 ___ 리상호 옮김, 같은 책, 132면.

30 ___ 김부식, 『삼국사기』 II, 이강래 옮김, 750면.

31 ___ 리상호 옮김, 위의 책, 136-138면.

32 ___ 리상호 옮김, 같은 책, 207-208면.

33 ___ 이종철·황보 명, 위의 책, 172면; 리상호 옮김, 같은 책, 120면.

34 ___ 리상호 옮김, 같은 책, 463-467면.

35 ___ 리상호 옮김, 같은 책, 518-521면.

36 ___ 『중국정사조선전』 3, 국사편찬위원회, 1989, 114면.

37 ___ 서긍, 『국역 고려도경』 제23권 잡속2 한탁, 민족문화추진회, 1977, 138면.

38 ___ 이태호, 앞의 책, 109-110면.

39 ___ 류다린, 『중국 성문화사』, 노승현 옮김, 심산, 2003, 298면.

40 ___ 이충렬, 『화가들은 왜 비너스를 눕혔을까?』, 한뼘책방, 2019, 113-114면.

41 ___ 임형택·고미숙 엮음, 『한국고전시가선』, 창작과비평사, 1997, 42-43면.

42 ___ 임형택·고미숙 엮음, 위의 책, 120면.

43 ___ 임형택·고미숙 엮음, 위의 책, 44면.

44 ___ 정창권, 『조선의 살림하는 남자들』, 돌베개, 2021, 14-15면.

45 ___ 『삼봉집』 13권, 「조선경국전」 상, 〈예전(禮典)〉(한국고전종합DB https://db.itkc.or.kr)

46 ___ 『북역 고려사』 10, 신서원, 1991, 186면.

47 ___ 국사편찬위원회 편, 『혼인과 연애의 풍속도』, 두산동아, 2005, 73면.

48 ___ 『북역 고려사』 8, 신서원, 1991, 354면.

49 ___ 국사편찬위원회 편, 위의 책, 72-73면.

50 ___ 스바코바 페트라, 「고려시대 간통의 유형과 처벌」, 성균관대학교 대학원 동아시아학과 석사학위논문, 2019, 1면.

51 ___ 홍나래, 「간통 소재 설화의 연구」, 이화여자대학교 대학원 박사학위논문, 2010, 172면.

52 ___ 『북역 고려사』 10, 신서원, 1991, 186-187면; 김창현, 『고려의 여성과 문화』, 신서원, 2007, 191-199면.

53 ___ 『국역 고려도경』 제22권 잡속1, 133면; 김창현, 위의 책, 178면.

54 ___ 김창현, 같은 책, 190면.

55 ___ 김창현, 같은 책, 194면.

56 ___ 서거정, 『태평한화골계전』, 이내종 역주, 태학사, 1998, 19-25면.

57 ___ 서거정, 위의 책, 이내종 역주, 57-58면.

58 ___ 〈청파극담〉, 『국역 대동야승』 II, 민족문화추진회, 1973, 119-120면.

59 ___ 서거정, 위의 책, 이내종 역주, 31-32면.

60 ___ 〈용재총화〉 제2권, 『국역 대동야승』 I, 위의 책, 53면.

61 ___ 〈용재총화〉 제6권, 『국역 대동야승』 I, 위의 책, 143-144면.

62 ___ 서거정, 위의 책, 이내종 역주, 83면.

63 ___ 강명관, 「조선 시대 성담론과 성」, 『한국한문학연구』 42, 한국한문학회, 2008, 35-36면.

64 _____ 김현룡, 『한국인 이야기』 4, 자유문학사, 2001, 236면.

65 _____ 서거정, 위의 책, 이내종 역주, 202-203면.

66 _____ 〈오산설림초고〉, 『국역 대동야승』 II, 민족문화추진회, 1973, 45면.

67 _____ 이화영, 「섹슈얼리티로 본 한국 전통여성의 주체적 삶의 양상」, 『동아시아고
대학』 38, 동아시아고대학회, 2015, 174면.

68 _____ 태조실록 7년(1398) 11월 7일조.

69 _____ 김영준 옮김, 『파수록/진담록』, 보고사, 2010, 174-175면.

70 _____ 정병설, 『조선의 음담패설』, 예옥, 2010, 131면.

71 _____ 강명관, 「조선 초기 실행 여성에 대한 도덕 권력의 처벌: 조화(趙禾)의 처 이
씨의 경우」, 『여성학연구』 28(1), 부산대학교 여성연구소, 2018, 91-92면.

72 _____ 세종실록 9년(1427) 8월 8일조.

73 _____ 세종실록 9년(1427) 1월 3일조

74 _____ 세종실록 9년(1427) 8월 8일조.

75 _____ 세종실록 9년(1427) 1월 3일조

76 _____ 세종실록 9년(1427) 8월 16일조.

77 _____ 세조실록 13년(1467) 4월 5일조.

78 _____ 세종실록 9년(1427) 9월 29일조.

79 _____ 김만중, 『조선을 뒤흔든 성스캔들』, 거송미디어, 2004, 120-121면.

80 _____ 세종실록 15년(1433) 12월 4일조.

81 _____ 세종실록 15년(1433) 12월 5일조.

82 _____ 세종실록 15년(1433) 12월 5일조.

83 _____ 성종실록 20년(1489) 6월 28일조.

84 _____ 성종실록 20년(1489) 8월 1일조.

85 _____ 김덕수 외, 『해남 해남윤씨 고문서 역주』, 한국학중앙연구원 출판부, 2018,
397-397면.

86 _____ 한국고문서학회, 『조선 시대 생활사』 2, 역사비평사, 2000, 95면.

87 _____ 〈용재총화〉 제9권, 『국역 대동야승』 I, 앞의 책, 213면.

88 ___ 이문건, 『묵재일기』 2, 김인규 옮김, 민속원, 2018, 337면.

89 ___ 이문건, 위의 책, 김인규 옮김, 337-338면.

90 ___ 16세기 역사상의 재해석: 『묵재일기』 교감 및 역주 사업, 한국학중앙연구원
홈페이지.

91 ___ 한국고문서학회, 앞의 책, 104-105면.

92 ___ 16세기 역사상의 재해석: 『묵재일기』 교감 및 역주 사업, 한국학중앙연구원
홈페이지.

93 ___ 16세기 역사상의 재해석: 『묵재일기』 교감 및 역주 사업, 한국학중앙연구원
홈페이지.

94 ___ 16세기 역사상의 재해석: 『묵재일기』 교감 및 역주 사업, 한국학중앙연구원
홈페이지.

95 ___ 이종철 · 황보 명, 『강좌 한국고대사』 8, 한국고대사회연구소, 2002, 143면.

96 ___ 한지훈, 『풍류』, 소나무, 2015, 155-168면.

97 ___ 한지훈, 위의 책, 171면.

98 ___ 한지훈, 위의 책, 171-173면.

99 ___ 황송문 · 이준영 · 이상진 해역, 『시경』, 자유문고, 1994, 145면.

100 ___ 한지훈, 위의 책, 178-181면.

101 ___ 강효원, 『중국인의 성』, 노장철학분과 옮김, 예문서원, 1993, 188면.

102 ___ 정상봉, 「주자의 욕망관과 그 현대적 의의」, 『유교사상문화연구』 67, 한국유
교학회, 2017, 63-64면.

103 ___ 강효원, 앞의 책, 노장철학분과 옮김, 190면 재인용.

104 ___ 『한국사』 28, 국사편찬위원회, 1996, 170면.

105 ___ 김윤경, 『청소년을 위한 한국철학사』, 두리미디어, 2007, 149-156면.

106 ___ 이기석 역해, 『소학』, 홍신문화사, 1982, 16면.

107 ___ 이기석 역해, 위의 책, 20면.

108 ___ 이기석 역해, 같은 책, 24면.

109 ___ 이기석 역해, 같은 책, 88면.

110 ___ 이기석 역해, 같은 책, 82면.

111 ___ 이기석 역해, 같은 책, 167면.

112 ___ 미셸 푸코, 『성의 역사 1: 앎의 의지』, 이규현 옮김, 나남, 2004, 104면.

113 ___ 미셸 푸코, 위의 책, 이규현 옮김, 140-141면.

114 ___ 차천로 찬, 「오산설림초고」, 『국역 대동야승』 II, 민족문화추진회, 1973, 56면.

115 ___ 차천로 찬, 같은 책, 56-57면.

116 ___ 세종실록 13년(1431) 6월 25일조.

117 ___ 태종실록 4년(1404) 12월 8일조.

118 ___ 윤국일, 『신편 경국대전』, 신서원, 1998, 432면.

119 ___ 강명관, 『열녀의 탄생』, 돌베개, 2009, 67-76면.

120 ___ 김연수, 「조선 시대 '과부재가금지'에 따른 부부 연차의 불균형」, 『민속학연구』 50, 국립민속박물관, 2022, 59면.

121 ___ 강명관, 앞의 논문, 2018, 89면.

122 ___ 정성희, 『조선의 성풍속』, 가람기획, 1998, 119-120면.

123 ___ 성종실록 8년(1477) 7월 17일조.

124 ___ 윤국일, 위의 책, 187-188면.

125 ___ 윤국일, 같은 책, 24면.

126 ___ 윤국일, 같은 책, 19면.

127 ___ 장병인, 『조선전기 혼인제와 성차별』, 일지사, 1997, 103-104면.

128 ___ 강명관, 앞의 책, 76-87면.

129 ___ 윤국일, 위의 책, 253-254면.

130 ___ 윤국일, 앞의 책, 244면.

131 ___ 윤국일, 같은 책, 262면.

132 ___ 태종실록 13년(1413) 3월 10일조.

133 ___ 장병인, 앞의 책, 57-58면.

134 ___ 윤국일, 앞의 책, 435면.

135 ___ 성현, 앞의 책, 132면.

136 ___ 성종실록 11년(1480) 9월 2일조.

137 ___ 정해은, 「조선전기 어우동 사건에 대한 재검토」, 『역사연구』 17, 역사학연구소, 2007, 14면.

138 ___ 성종실록 11년(1480) 9월 2일조.

139 ___ 정해은, 앞의 논문, 16-17면.

140 ___ 성종실록 11년(1480) 10월 18일조.

141 ___ 성현, 앞의 책, 134면.

142 ___ 윤국일, 같은 책, 24면.

143 ___ 윤국일, 위의 책, 187-188면.

144 ___ 국사편찬위원회 편, 앞의 책, 179면.

145 ___ 윤주필, 「설화에 나타난 도학자상: 남명 조식 전승을 중심으로」, 『남명학연구』 7, 경상대학교 경남문화연구원, 1997.

146 ___ 강명관, 「조선 시대 성담론과 성」, 『한국한문학연구』 42, 한국한문학회, 2008.

147 ___ 이상익 외 편저, 『고전수필 어떻게 읽을 것인가』, 집문당, 1999, 99-100면, 재인용.

148 ___ 민족문화추진회 편, 『국역 점필재집』 4, 한국학술정보, 2007, 221면.

149 ___ 민족문화추진회 편, 위의 책, 216면.

150 ___ 민족문화추진회 편, 같은 책, 217면.

151 ___ 문성대, 「조광조 관련 문헌설화의 개변 양상과 그 의미」, 『우리어문연구』 33, 우리어문학회, 2009.

152 ___ 김동욱 옮김, 『국역 동패락송』, 아세아문화사, 1996, 437-439면.

153 ___ 이긍익, 같은 책, 384면.

154 ___ 이긍익, 위의 책, 532면.

155 ___ 이숙인, 「소문과 권력: 16세기 한 사족 부인의 소문 재구성」, 『철학사상』 40, 서울대학교 철학사상연구소, 2011, 68면.

156 ___ 『선조수정실록』 선조 2년(1569) 5월 1일조.

157 ___ 〈보지자지〉, 『기이재상담』, 「김동욱, 퇴계가 등장하는 성소화」, 『문헌과 해석』 50, 문헌과해석사, 2010년 봄호, 168-169면 재인용.

158 ___ 〈율곡과 퇴계의 부부생활〉, 『한국구비문학대계』 2-1, 298면; 정창권, 『조선의 부부에게 사랑법을 묻다』, 푸른역사, 2015, 38면; 김동욱, 위의 논문, 166면.

159 ___ 〈퇴계 선생과 그 부인〉, 『한국구비문학대계』 8-10, 358면; 정창권, 위의 책, 38면; 김동욱, 위의 논문, 167면.

160 ___ 김동욱 옮김, 위의 책, 440-441면.

161 ___ 김언종, 「퇴계의 행적과 일화의 여러 양상」, 『퇴계학보』 30, 퇴계학연구원, 2015, 129-132면.

162 ___ 정창권, 『정조처럼 소통하라』, 사우, 2018, 98면 재인용.

163 ___ 이황, 『퇴계 이황, 아들에게 편지를 쓰다』, 이장우·전일주 옮김, 연암서가, 2008, 326-327면.

164 ___ 임방, 두양묘, 『수촌집』 권3(김언종, 위의 논문, 147-148면 재인용.)

165 ___ 이이, 〈어록〉 하, 『율곡집』 I, 민족문화추진회, 1968, 523면.

166 ___ 이덕무, 이동희 엮음, 『생활의 예절(사소절)』, 민족문화추진회, 1981, 138면.

167 ___ 이종문, 율곡(栗谷)과 유지(柳枝), 「유지사(柳枝詞)」의 전승 과정에 관한 고찰」, 『한국한문학연구』 51, 한국한문학회, 2013, 170면.

168 ___ 이종문, 위의 논문, 166-167면.

169 ___ 이종문, 같은 논문, 177-178면.

170 ___ 이종문, 같은 논문, 173면.

171 ___ 이종문, 같은 논문, 183-186면.

172 ___ 미셸 푸코, 『성의 역사 2: 쾌락의 활용』, 문경자·신은영 옮김, 나남, 2004.

173 ___ 정창권, 『조선의 양생법』, 북코리아, 2022.

174 ___ 정창권, 위의 책, 29-30면.

175 ___ 정창권, 같은 책, 31-33면.

176 ___ 『국역 하서전집』 상, 하서선생기념사업회, 1987, 306-307면.

177 ___ 유희춘, 『미암집』 2, 김세종 외 옮김, 경인문화사, 2013, 152-153면.

178 ___ 정창권, 위의 책, 2022, 40-46면.

179 ___ 동의과학연구소, 『동의보감』 제1권 「내경」 편, 휴머니스트, 2002, 143면.

180 ___ 신동원 외, 『한권으로 읽는 동의보감』, 들녘, 1999, 53면.

181 ___ 동의과학연구소, 같은 책, 223면.

182 ___ 동의과학연구소, 같은 책, 230-231면.

183 ___ 동의과학연구소, 같은 책, 233면.

184 ___ 정창권, 위의 책, 52면.

185 ___ 허균, 『성소부부고』 III, 제26권, '도문대작', 민문고, 1967, 226면.

186 ___ 허균, 「한정록」, 『성소부부고』 IV, 민족문화추진회, 1967, 253면.

187 ___ 허균, 위의 책, 257면.

188 ___ 허균, 같은 책, 258면.

189 ___ 허균, 같은 책, 261-262면.

190 ___ 정창권, 위의 책, 2022, 55-56면.

191 ___ 홍만선, 『국역 산림경제』 IV, 민족문화추진회, 1982, 53면.

192 ___ 홍만선, 위의 책, 55면.

193 ___ 홍만선, 같은 책, 55면.

194 ___ 풍석 서유구, 『보양지』 1~3, 임원경제연구소 옮김, 풍석문화재단, 2020.

195 ___ 풍석 서유구, 위의 책 1, 137면.

196 ___ 풍석 서유구, 위의 책 1, 139면.

197 ___ 풍석 서유구, 위의 책 1, 150면.

198 ___ 금장태 · 강돈구, 「기독교의 전래와 서양철학의 수용」, 『철학사상』 1994년 12월호, 서울대학교 철학사상연구소, 1994, 197면.

199 ___ 이수광, 『지봉유설』 1, 남만성 옮김, 올재, 2016, 138-139면.

200 ___ 한국철학사연구회, 『한국실학사상사』, 다운샘, 2000, 52-53면.

201 ___ 금장태 · 강돈구, 앞의 논문, 200-203면.

202 ___ 금장태 · 강돈구, 같은 논문, 214-215면.

203 ___ 금장태 · 강돈구, 같은 논문, 203-205면.

204 ___ 이익, 『국역 성호사설』 7, 한국학술정보, 1997, 80면.

205 ___ 이익, 위의 책, 80-81면.

206 ___ 이덕무, 이동희 엮음, 『생활의 예절(사소절)』, 민족문화추진회, 1981, 44면.

207 ___ 이덕무, 위의 책, 147면.

208 ___ 이덕무, 같은 책, 160면.

209 ___ 이덕무, 같은 책, 60면.

210 ___ 이덕무, 같은 책, 83면.

211 ___ 이덕무, 같은 책, 161면.

212 ___ 이덕무, 같은 책, 170면.

213 ___ 전완길, 『내조(內助)』, 언어문화사, 1986, 193-238면.

214 ___ 전완길, 위의 책, 237면.

215 ___ 전완길, 같은 책, 195-199면.

216 ___ 전완길, 같은 책, 202면.

217 ___ 전완길, 같은 책, 203면.

218 ___ 전완길, 같은 책, 207면.

219 ___ 전완길, 같은 책, 209면.

220 ___ 전완길, 같은 책, 211면.

221 ___ 기시다 슈, 『성은 환상이다』, 박규태 옮김, 이학사, 2000, 196-197면.

222 ___ 앤서니 퍼시, 『쉽게 쓴 몸의 신학』, 김한수 옮김, 가톨릭대학교 출판부, 2011, 105면.

223 ___ 앤서니 퍼시, 위의 책, 115면.

224 ___ 김혜도, 「성경적 관점에서 고찰한 성」, 『종교문화학보』 6, 전남대학교 종교문화연구소, 2009, 63-64면.

225 ___ 기시다 슈, 앞의 책, 150면.

226 ___ 김혜도, 앞의 논문, 67면.

227 ___ 김혜도, 같은 논문, 67면.

228 ___ 기시다 슈, 앞의 책, 박규태 옮김, 148-149면.

229 ___ 홍병호, 「기독교의 성윤리」, 『기독교철학』 2, 한국기독교철학회, 2006, 168면.

230 ___ 홍병호, 위의 논문, 169면.

231 ___ 사카쓰메 신고, 『당신이 흔들리는 이유』, 박제이 옮김, 휴먼카인드북스, 2017, 8면.

232 ___ 사카쓰메 신고, 위의 책, 85-86면.

233 ___ 사카쓰메 신고, 위의 책, 59면.

234 ___ 한중섭, 『결혼의 종말』, 파람, 2020, 32면.

235 ___ 한중섭, 위의 책, 191-192면 참조.

236 ___ "'성관계는 혼인 관계 안에서만 이뤄져야' 시대착오적 조례 검토", 『서울신문』 2023년 1월 31일자; "'성관계는 부부만' 시대착오적 조례안 검토한 서울시 의회", 『경향신문』 2023년 1월 30일자.

237 ___ 김포여성의전화, 아이들에게 '빨간책'을 금하라, 2023(https://blog.naver.com/gp-voem).

238 ___ 김포여성의 전화, 위의 칼럼. "도지사도 가세한 보수단체 '도서관 검열' 중단하라", 『경향신문』 2023년 7월 26일자.

239 ___ "'아내와 또 바람을' 내연남 때려 숨지게 한 40대에 징역 2년", 『시사저널』 2021년 12월 15일자.

240 ___ "남편 불륜에 배신감…내연녀 영상 유포 협박한 30대 2심서 선고유예 감형", 『대전일보』 2023년 5월 15일자.

241 ___ "'회사에 불륜 사실 알리겠다' 아내 협박한 남편 '유죄'", 『아이뉴스24』, 2023년 10월 1일자.

242 ___ 앤서니 퍼시, 위의 책, 24-25면.

243 ___ "당신 아들·딸도 가해자가 될 수 있다…n번방이 부른 '성교육 열풍'", 『조선일보』 2020년 4월 25일자.

244 ___ "성폭행 당했다던 여고생, CCTV 보니…남친 껴안고 손잡고", 『머니투데이』 2022년 4월 1일자.

245 ___ "'칼 맞을래?' 택시기사에 욕설 · 폭행한 女승객…경찰 오자 '성폭행 당했다'", 『MBC』 2021년 12월 24일자.

246 ___ "대권 꿈꾸던 안희정의 처참한 몰락", 『이데일리』 2023년 2월 1일자.

247 ___ "'한국다운 것 버려라'…韓 인구소멸 경고했던 英교수의 팩폭", 『연합뉴스』 2023년 5월 17일자.

248 ___ "신생아 10명 중 6명은 혼외출산…'출산율 1위' 국가 배경", 『모바일한경』 2022년 11월 27일자.

249 ___ "'행복하다' 느끼는 한국인 최하위…1위는 의외의 이 나라", 『머니투데이』 2023년 3월 19일자.

참고문헌

자료

16세기 역사상의 재해석:『묵재일기』교감 및 역주 사업, 한국학중앙연구원 홈페이지.

『국역 경현록』, 한훤당선생기념사업회, 1970.

『국역 대동야승』II, 민족문화추진회, 1973.

『국역 동패락송』, 김동욱 옮김, 아세아문화사, 1996.

『국역 하서전집』상, 하서선생기념사업회, 1987.

김덕수 외,『해남 해남윤씨 고문서 역주』, 한국학중앙연구원 출판부, 2018.

김부식,『삼국사기』I·II, 이강래 옮김, 한길사, 1998.

김현룡,『한국인 이야기』4, 자유문학사, 2001, 236면.

동의과학연구소,『동의보감』제1권「내경」편, 휴머니스트, 2002.

민족문화추진회 편,『국역 점필재집』4, 한국학술정보, 2007.

박명희 외 역주,『어우야담』1, 전통문화연구회, 2001.

『북역 고려사』10, 신서원, 1991.

『북역 삼국유사』, 리상호 옮김, 신서원, 1990.

『삼강행실도』(열녀 편), 세종대왕기념사업회, 1982.

『삼국유사』, 이민수 옮김, 을유문화사, 1983.

서거정, 이내종 역주,『태평한화골계전』, 태학사, 1998.

서긍,『국역 고려도경』, 민족문화추진회, 1977.

송세림 편저, 윤석산 편역,『어면순』, 문학세계사, 1999.

신동원 외, 『한권으로 읽는 동의보감』, 들녘, 1999.

유희춘, 『미암집』 2, 김세종 외 옮김, 경인문화사, 2013.

윤국일, 『신편 경국대전』, 신서원, 1998.

이긍익, 『연려실기술』 II, 민족문화추진회, 1966.

이기석 역해, 『소학』, 홍신문화사, 1982.

이덕무, 이동희 엮음, 『생활의 예절(사소절)』, 민족문화추진회, 1981.

이문건, 『묵재일기』 2, 김인규 옮김, 민속원, 2018.

이상익 외 편저, 『고전수필 어떻게 읽을 것인가』, 집문당, 1999.

이수광, 『지봉유설』 1, 남만성 옮김, 을재, 2016.

이우성 · 임형택 역편, 『이조한문단편선』 상, 일조각, 1973.

이이, 『율곡집』 I, 민족문화추진회, 1968.

이익, 『국역 성호사설』 7, 한국학술정보, 1997.

이황, 『퇴계 이황, 아들에게 편지를 쓰다』, 이장우 · 전일주 옮김, 연암서가, 2008.

임형택 · 고미숙 엮음, 『한국고전시가선』, 창작과비평사, 1997.

전완길, 『내조(內助)』, 언어문화사, 1986.

정창권, 『조선의 양생법』, 북코리아, 2022.

『조선 후기 성소화 선집』, 김준형 옮김, 문학동네, 2010.

『중국정사조선전』, 국사편찬위원회, 1986.

『추강집』 2, 남효온 · 박대현 옮김, 민족문화추진회, 2007.

퇴계 이황, 『안도에게 보낸다』, 정석태 옮김, 들녘, 2005.

『파수록/진담록』, 김영준 옮김, 보고사, 2010.

풍석 서유구, 『보양지』 1~3, 임원경제연구소 옮김, 풍석문화재단, 2020.

허균, 『성소부부고』 III, 민문고, 1967.

_____, 「한정록」, 『성소부부고』 IV, 민족문화추진회, 1967.

홍만선, 『국역 산림경제』 IV, 민족문화추진회, 1982.

황송문 · 이준영 · 이상진 해역, 『시경』, 자유문고, 1994.

조선왕조실록 https://sillok.history.go.kr/

한국고전종합DB https://db.itkc.or.kr

저서

강명관, 『열녀의 탄생』, 돌베개, 2009.

강효원, 『중국인의 성』, 노장철학분과 옮김, 예문서원, 1993.

『고려불화대전』, 국립중앙박물관, 2010.

국사편찬위원회 편, 『혼인과 연애의 풍속도』, 두산동아, 2005.

기시다 슈, 『성은 환상이다』, 박규태 옮김, 이학사, 2000.

김만중, 『조선을 뒤흔든 성스캔들』, 거송미디어, 2004.

김미영, 『유교문화와 여성』, 살림, 2004.

김윤경, 『청소년을 위한 한국철학사』, 두리미디어, 2007.

김창현, 『고려의 여성과 문화』, 신서원, 2007.

류다린, 『중국 성문화사』, 노승현 옮김, 심산, 2003.

마빈 해리스, 『작은 인간』, 김찬호 옮김, 민음사, 1995.

마저리 쇼스탁, 『니사』, 유나영 옮김, 삼인, 2000.

미셸 푸코, 『성의 역사 1: 앎의 의지』, 이규현 옮김, 나남, 2004, 104면.

_____, 『성의 역사 2: 쾌락의 활용』, 문경자 · 신은영 옮김, 나남, 2004.

사카쓰메 신고, 『당신이 흔들리는 이유』, 박제이 옮김, 휴먼카인드북스, 2017.

송웅달, 『900일간의 폭풍 사랑』, 김영사, 2007.

『신라 토우 영원을 꿈꾸다』, 국립중앙박물관, 2009.

앤서니 퍼시, 『쉽게 쓴 몸의 신학』, 김한수 옮김, 가톨릭대학교 출판부, 2011.

윤가현, 『문화 속의 성』, 학민사, 2001.

이명수, 『한국인과 에로스』, 지성문화사, 1996.

이숙인, 『정절의 역사』, 푸른역사, 2014.

이종철, 『한국의 성 숭배문화』, 민속원, 2003.

이종철·황보 명, 『강좌 한국고대사』 8, 한국고대사회연구소, 2002.

이충렬, 『화가들은 왜 비너스를 눕혔을까?』, 한뼘책방, 2019.

이태호, 『한국의 에로티시즘』, 여성신문사, 1998.

장병인, 『조선 전기 혼인제와 성차별』, 일지사, 1997.

정병설, 『조선의 음담패설』, 예옥, 2010.

정성희, 『조선의 성풍속』, 가람기획, 1998.

정창권, 『정조처럼 소통하라』, 사우, 2018.

_____, 『조선의 부부에게 사랑법을 묻다』, 푸른역사, 2015.

_____, 『조선의 살림하는 남자들』, 돌베개, 2021.

정태섭 외, 『성, 역사와 문화』, 동국대학교 출판부, 2002.

『조선 시대 풍속화』, 국립중앙박물관, 2002.

키아라 데 카포아, 『구약성서, 그림으로 읽기』, 김숙 옮김, 예경, 2009.

한국고문서학회, 『조선 시대 생활사』 2, 역사비평사, 2000.

한국역사연구회, 『삼국시대 사람들은 어떻게 살았을까』, 청년사, 2005.

한국철학사연구회, 『한국실학사상사』, 다운샘, 2000.

한중섭, 『결혼의 종말』, 파람, 2020.

한지훈, 『풍류』, 소나무, 2015.

히구치 기요유키, 『일본인의 성』, 이원희 옮김, 예문서원, 1995.

R. H. 반 훌릭, 『중국성풍속사』, 장원철 옮김, 까치, 1993.

논문

강명관, 「조선 시대 성담론과 성」, 『한국한문학연구』 42, 한국한문학회, 2008.

_____, 「조선 초기 실행 여성에 대한 도덕 권력의 처벌: 조화(趙禾)의 처 이씨의 경우」, 『여성학연구』 28(1), 부산대학교 여성연구소, 2018.

강숙자, 「유교사상에 나타난 여성에 대한 이해」, 『한국동양정치사상사연구』 3(2), 한국동양정치사상사학회, 2004.

금장태·강돈구, 「기독교의 전래와 서양철학의 수용」, 『철학사상』 1994년 12월호, 서울대학교 철학사상연구소, 1994.

김동욱, 「퇴계가 등장하는 성소화」, 『문헌과 해석』 50, 문헌과해석사, 2010년 봄호.

김언종, 「퇴계의 행적과 일화의 여러 양상」, 『퇴계학보』 30, 퇴계학연구원, 2015.

김연수, 「조선 시대 '과부재가금지'에 따른 부부 연차의 불균형」, 『민속학연구』 50, 국립민속박물관, 2022.

김혜도, 「성경적 관점에서 고찰한 성」, 『종교문화학보』 6, 전남대학교 종교문화연구소, 2009.

문성대, 「조광조 관련 문헌설화의 개변 양상과 그 의미」, 『우리어문연구』 33, 우리어문학회, 2009.

스바코바 페트라, 「고려 시대 간통의 유형과 처벌」, 성균관대학교 대학원 동아시아학과 석사학위논문, 2019.

윤주필, 「설화에 나타난 도학자상: 남명 조식 전승을 중심으로」, 『남명학연구』 7, 경상대학교 경남문화연구원, 1997.

이숙인, 「소문과 권력: 16세기 한 사족 부인의 소문 재구성」, 『철학사상』 40, 서울대학교 철학사상연구소, 2011.

이종문, 율곡(栗谷)과 유지(柳枝), 「유지사(柳枝詞)」의 전승 과정에 관한 고찰」, 『한국한문학연구』 51, 한국한문학회, 2013.

이종철·황보 명, 「한국 고대의 성문화」, 『강좌 한국고대사』 8, 가락국사적개발연구원, 2002.

이화영, 「섹슈얼리티로 본 한국 전통여성의 주체적 삶의 양상」, 『동아시아고대학』 38, 동아시아고대학회, 2015.

정상봉, 「주자의 욕망관과 그 현대적 의의」, 『유교사상문화연구』 67, 한국유교학회, 2017.

정해은, 「조선 전기 어우동 사건에 대한 재검토」, 『역사연구』 17, 역사학연구소, 2007.

홍나래, 「간통 소재 설화의 연구」, 이화여자대학교 대학원 박사학위논문, 2010.

홍병호, 「기독교의 성윤리」, 『기독교철학』 2, 한국기독교철학회, 2006.

홍학희, 「여성 인식의 측면에서 본 허균의 개혁 사상」, 『한국고전여성문학연구』 6, 한국고전여성문학회, 2003.